ORGANIZAÇÃO ADMINISTRATIVA DA SAÚDE

MARIA JOÃO ESTORNINHO
Doutora e Agregada em Direito
Professora da Faculdade de Direito da Universidade de Lisboa
e da Universidade Católica

ORGANIZAÇÃO ADMINISTRATIVA DA SAÚDE

Relatório sobre o Programa, os Conteúdos e os Métodos de Ensino

ORGANIZAÇÃO ADMINISTRATIVA DA SAÚDE

AUTOR
MARIA JOÃO ESTORNINHO

EDITOR
EDIÇÕES ALMEDINA, SA
Av. Fernão Magalhães, n.º 584, 5.º Andar
3000-174 Coimbra
Tel.: 239 851 904
Fax: 239 851 901
www.almedina.net
editora@almedina.net

PRÉ-IMPRESSÃO | IMPRESSÃO | ACABAMENTO
G.C. GRÁFICA DE COIMBRA, LDA.
Palheira – Assafarge
3001-453 Coimbra
producao@graficadecoimbra.pt

Novembro, 2008

DEPÓSITO LEGAL
284676/08

Os dados e as opiniões inseridos na presente publicação
são da exclusiva responsabilidade do(s) seu(s) autor(es).

Toda a reprodução desta obra, por fotocópia ou outro qualquer
processo, sem prévia autorização escrita do Editor, é ilícita
e passível de procedimento judicial contra o infractor.

Biblioteca Nacional de Portugal – Catalogação na Publicação

ESTORNINHO, Maria João, 1962-

Organização administrativa da saúde : relatório
sobre o programa, os conteúdos e os métodos
de ensino. – (Monografias)
ISBN 978-972-40-3546-8

CDU 378
    614
    342
    351

Nos termos do Artigo 9.º, n.º 1, alínea a), do Decreto-
-lei n.º 301/72, de 14 de Agosto, ao requerer a prestação
de provas de Agregação (neste caso, ao 3.º Grupo, de
Ciências Jurídico-Políticas, da Faculdade de Direito da
Universidade de Lisboa), o candidato deverá entregar
«...*exemplares, impressos ou policopiados, de um relatório
que inclua o programa, os conteúdos e os métodos do
ensino teórico e prático das matérias...*» da disciplina ou
de uma das disciplinas do grupo a que as provas disserem
respeito.

Tal é a razão de ser deste relatório.

PLANO DO RELATÓRIO[1]

INTRODUÇÃO

1. A actualidade e a relevância dogmática do estudo da *Organização Administrativa da Saúde*.
2. Razão de ordem.

I – PROGRAMA

1. Proposta de autonomização curricular. A inserção de uma cadeira de *Organização Administrativa da Saúde* no plano curricular da Faculdade de Direito de Lisboa, no quadro da reforma de Bolonha; implicações para o programa da disciplina.
2. Para uma compreensão das transformações da Administração Pública nos nossos dias…
3. Programa da disciplina de *Organização Administrativa da Saúde*.

II – MÉTODOS DE ENSINO E DE AVALIAÇÃO

III – CONTEÚDOS

Sumários das aulas teóricas, tópicos, roteiro de legislação, sugestões bibliográficas e sugestões de trabalhos práticos.

---

[1] Opta-se por publicar o presente relatório nos exactos termos em que foi objecto de apreciação pelo júri das Provas de Agregação que tiveram lugar, na Faculdade de Direito da Universidade de Lisboa, nos dias 3 e 4 de Outubro de 2006.

INTRODUÇÃO

1. **A actualidade e a relevância dogmática do estudo da Organização Administrativa da Saúde**

1.1. O Serviço Nacional de Saúde, concebido à luz da Constituição de 1976 como serviço público prestado por entidades públicas, em termos de universalidade e de gratuitidade, tem sofrido, como a generalidade dos sistemas europeus de saúde, uma série de alterações, *factores de pressão* responsáveis pelas profundas reformas que têm vindo a ser realizadas.

Alterações de natureza demográfica, ligadas ao aumento da longevidade e a fenómenos de imigração, que alargam o universo dos destinatários das prestações do Serviço Nacional de Saúde e provocam mudanças qualitativas nos próprios quadros clínicos tradicionais (lembre-se, por exemplo, a crescente relevância de doentes crónicos ou de doentes portadores de multipatologias). A pobreza e a exclusão social explicam também o reaparecimento de doenças antes julgadas erradicadas e a emergência de novas patologias e de novos riscos (estes associados também, por exemplo, às alterações climáticas e a outros factores ambientais).

Alterações de natureza comportamental (decorrentes dos chamados comportamentos de risco, em termos sexuais, em termos de consumo de estupefacientes, de tabaco ou de álcool, ou ainda em termos de outros hábitos de vida, como sejam a alimentação ou o sedentarismo) responsáveis pelo aparecimento de novas doenças e pela cada vez maior relevância da medicina preventiva.

Alterações de natureza científica e ética, ligadas ao progresso do conhecimento médico. Basta ter presentes as inovações decorrentes dos progressos da biotecnologia, no que toca à investigação sobre o genoma humano ou sobre as novas moléculas farmacêuticas, os quais abrem formidáveis possibilidades médicas, em termos de diagnóstico e terapia, mas acarretam gravíssimos riscos (reforçando o poder da indústria farmacêutica relativamente à autonomia médica, potenciando desigualdades económicas entre pacientes, lançando sobretudo indizíveis desafios éticos e jurídicos, ligados ao dilema de saber como conciliar as potencialidades que, em termos médicos, o progresso científico e tecnológico envolvem e, por outro lado, os riscos que acarretam, em termos de princípios éticos e de respeito pelos direitos fundamentais).

Alterações resultantes das novas tecnologias de informação, as quais constituem fonte de interessantes oportunidades, mas também de novos constrangimentos na relação médico-paciente. Pense-se nas vantagens que a *ficha electrónica do doente* inegavelmente acarreta, mas pense-se também nas dificuldades que implica (dificuldades técnicas, ligadas ao problema da compatibilização das redes informáticas dos diferentes operadores do sistema de saúde mas, sobretudo, mais uma vez, dificuldades éticas e jurídicas, associadas aos inerentes riscos, em termos de privacidade e de confidencialidade, agravadas quando de tal ficha consta o *perfil genético* do doente). Pense-se, também, no novo mundo da *telemedicina*, o qual abre imensas possibilidades novas (consulta por vídeo, monitorização de sinais vitais, acompanhamento de um doente crónico que está em casa, fazendo reajustamentos na posologia dos medicamentos em tratamentos de longa duração), mas obriga a interrogações sobre o sentido da (des)humanização da relação *virtual* de prestação de cuidados de saúde.

Ainda associadas às novas tecnologias, alterações decorrentes da *democratização* do saber médico. O estatuto tradicional do médico – que aos poucos deixou de ter o monopólio do saber – tem-se alterado profundamente nas últimas décadas. A tradicional relação assimétrica, paternalista, que se estabelecia entre o médico e o seu paciente, dificilmente resiste ao novo perfil do doente informado, que *navega* na Internet e lê tudo sobre a doença. Aos poucos, dilui-se também a clivagem que tradicionalmente existia entre os EUA e a Europa continental, no que diz respeito ao direito à informação do paciente (prevalecendo nos EUA uma lógica de *autonomia do paciente* e em termos europeus uma ideia de *dignidade da pessoa humana*). Cada vez mais se exige uma maior autonomia do paciente, o que implica o direito à informação sobre o seu próprio estado de saúde e a possibilidade de participar, de forma esclarecida, nas opções médicas.

É fácil de perceber que a relação médico-paciente se tem vindo a tornar cada vez mais complexa e difícil, sendo pautada por maior desconfiança, maior exigência de transparência e maior tendência para sancionar o eventual erro médico. Factor de pressão relativamente ao sistema de saúde constitui, também, o escrutínio permanente dos *media* e da opinião pública.

1.2. Perante este novo cenário, tem-se vindo a reconhecer, desde logo, a necessidade de reestruturação do próprio ensino da medicina, dada a cada vez maior relevância de três dimensões distintas na formação do médico: o conhecimento médico-científico, a capacidade de comunicação (com os doentes e com a sua equipa) e a capacidade de organização (uma vez que, cada vez mais, o médico trabalha em grupo). Salienta-se a necessidade de, nessa formação, ter em conta os novos desafios éticos e as questões jurídicas envolvidas e aceita-se a necessidade absoluta de reciclagem e de actualização permanentes do médico.

Repensa-se a tradicional rede de entidades prestadoras de cuidados de saúde, apontando-se incoerências, duplicações desnecessárias, insuficiências e dificuldades de comunicação entre níveis e reconhece-se a emergência de uma nova concepção do próprio hospital, enquanto unidade de prestação de cuidados de saúde.

No seu novo papel, o hospital deve funcionar como *reserva,* dando-se prioridade aos outros níveis de prestadores de cuidados de saúde (sobretudo, unidades de menor dimensão, que funcionem junto às populações, estando ligadas em rede, entre si e com o hospital). Esta nova filosofia dá especial relevo à medicina preventiva, procurando inverter a lógica tradicional que é a de *tratar quem chega*, passando antes a *prevenir* e a evitar. Por outro lado, salienta-se a relevância de sistemas *ambulatórios* de prestação de cuidados de saúde, fora do hospital (em última instância, concebendo-se até a possibilidade de sistemas de urgência ao domicílio). Sintomático desta nova concepção é o progressivo abandono, em termos de índices de avaliação de desempenho, de factores como o número elevado de camas e de admissões, os quais são tradicionalmente sintomas de eficiência (nos *hospitais virtuais*, de que se começa a falar, não são as admissões que contam mas os *outputs*). Repensa-se, também, a própria estrutura interna do hospital e o tradicional modelo assente no *serviço de especialidade* como célula base do hospital, acentuando-se a necessidade de multidisciplinaridade permanente.

Tudo isto implica também repensar a própria relação laboral do médico com o hospital (e a relação desta com a prática da medicina privada) e a redefinição das tarefas tradicionalmente repartidas entre os médicos e os demais profissionais de saúde.

1.3. Nas últimas décadas, os *factores de pressão* anteriormente referidos e, em geral, a *crise do Estado Providência*, são invocados como principais justificações para a reforma dos sistemas públicos de saúde.

Tais *factores de pressão*, implicando o alargamento do universo dos destinatários das prestações de cuidados de saúde e o carácter cada vez mais sofisticado e complexo dos meios de diagnóstico e das terapêuticas disponíveis, envolvem um brutal aumento das despesas com a Saúde.

Precisamente em sentido contrário, constituem factores de pressão (quiçá decisivos) sobre o Sistema Nacional de Saúde, os constrangimentos financeiros decorrentes da necessidade de controlar a despesa pública e de reduzir o défice orçamental que têm dominado as finanças públicas portuguesas nos últimos anos.

Vale a pena recordar que a origem remota das prestações na área da saúde, depois de uma fase caracterizada pela actividade assistencial ou de beneficiência dos poderes públicos a título de liberalidade, está na criação dos sistemas de Segurança Social no século XIX, nos quais os cuidados de saúde eram garantidos através da técnica dos *seguros sociais*, de acordo com o *modelo de Bismarck* (que introduziu um sistema de protecção social em face de determinadas vicissitudes, tais como velhice ou o desemprego mas, sobretudo, a doença). Estes sistemas caracterizavam-se pela exigência de prévia filiação no que diz respeito aos sujeitos beneficiários e pelo financiamento baseado exclusivamente nas contribuições dos trabalhadores (aos poucos, o desenvolvimento económico foi responsável pelo progressivo alargamento dos beneficiários abrangidos e das patologias objecto de cobertura).

É a partir de 1942, com o famoso *Relatório Beveridge*, que se dá o salto qualitativo para um sistema distinto: um sistema de saúde autónomo, de natureza pública, com vocação universalista e gratuita, assente em esquemas de financiamento públicos ancorados no sistema fiscal geral.

É esse último modelo – plasmado na Constituição da República de 1976 (pese embora com algumas especificidades) –, cuja falência se tem vindo a anunciar nas últimas décadas. Lançam-se como desafios da reforma da saúde a busca da *qualidade* e da *eficiência*, da *equidade*, da *sustentabilidade financeira*, da *responsabilização* e da *humanização*. A profunda reestruturação do sector da saúde, levada a cabo em Portugal, nos últimos anos, constitui, só por si, objecto de estudo da maior actualidade e interesse.

1.4. Há já uma série de anos[1] que se coloca a questão da necessidade de adequação da dogmática administrativa às evoluções recentes da Administração Pública, a qual tem vindo a sofrer profundas alterações, nas suas formas de organização e de actuação, o que obriga a repensar os quadros tradicionais do Direito Administrativo, moldados em função de realidades que foram entretanto completamente ultrapassadas[2].

A reforma dos sistemas europeus de saúde reflecte, em grande parte, a profunda reestruturação que o Estado e a Administração Pública têm vindo a sofrer nos últimos anos: expressões como desburocratização, redução e proximidade do cidadão (*Entbürokratisierung, Schlanker Staat e Bürgernähe*) tornaram-se banais, nos diversos países; também na Saúde se assiste ao repensar do papel do Estado e das tarefas administrativas; também na Saúde se levam a cabo reformas orgânicas e estruturais das entidades administrativas; também na Saúde se experimentam novos modos de gestão dos serviços públicos, na busca da eficiência e da qualidade; também na Saúde se reclama transparência das decisões e dos custos; também na Saúde se opta por formas mais intensas de desempe-

---

[1] V. SCHMIDT-ASSMANN, *Zur Reform des Allgemeinen Verwaltungsrechts – Reformbedarf und Reformansätze* e RAINER WAHL, *Die Aufgabenabhängigkeit von Verwaltung und Verwaltungsrecht*, ambos em HOFFMANN-RIEM/SCHMIDT-ASSMANN/SCHUPPERT, *Reform des Allgemeinen Verwaltungsrechts*, Nomos, Baden-Baden, 1993, respectivamente pp. 11 e ss. e 177 e ss.; HARMUT BAUER, *Verwaltungsrechtslehre im Umbruch? – Rechtsformen und Rechtsverhältnisse als Elemente einer zeitgemässen Verwaltungsrechtsdogmatik*, in *Die Verwaltung*, Ed. Duncker & Humblot, Berlin, 1992, pp. 301 e ss.; PETER SALADIN, *Zur Struktur des Allgemeinen Verwaltungsrechts*, in *Staatsrecht und Staatswissenschaften in Zeiten des Wandels, Festschrift für Ludwig Adamovich zum 60. Geburtstag*, Springer-Verlag, Wien/New York, 1992, pp. 586 e ss.; KLAUS KÖNIG, *Die Transformation der öffentlich Verwaltung: ein neues Kapitel der* Verwaltungswissenschaft, in *Verwaltungs Archiv*, Carl Heymann, Köln, 1993, pp. 311 e ss.; SCHMIDT-ASSMANN, *Zur Function des Allgemeinen Verwaltungsrecht*, in *Die Verwaltung*, Duncker & Humblot, Berlin, 1994; JÜRGEN SCHWARZE (coord.), *Das Verwaltungsrecht unter europäischen Einfluss*, Nomos, Baden-Baden, 1996.

[2] A ideia da necessidade de adaptação da dogmática administrativa em função das novas tarefas dfa Administração Pública não é nova; a este propósito, lembrem-se, por exemplo, os textos de OTTO BACHOF, *Begriff und Wesen des sozialen Rechtsstaates – Der soziale Rechtsstaat in der Verwaltungsrechtlicher Sicht*, in *Veröffentlichungen der Vereinigung der Deutschen Staatsrechtslehrer*, vol. 12, de Gruyter, Berlin, 1954, pp. 37 e ss., ou de PETER BADURA, *Die Daseinsvorsorge als Verwaltungszweck der Leistungsverwaltung und der soziale Rechtsstaat*, (1966), in *Die Öffentliche Verwaltung*, 1971, pp. 624 e ss..

nho de tarefas de serviço público por entidades privadas; também na Saúde vingam novos esquemas de regulação e de fiscalização desse universo de entes (públicos e privados) prestadores de cuidados de saúde. Universo esse que, comungando de uma nova unidade, é marcado por uma lógica de responsabilidade descentralizada (*Systems der dezentralen Verantwortung einer Organisationseinheit*)[3], a qual só pode verdadeiramente ser compreendida no *espaço* – físico e jurídico – da União Europeia.

A reforma dos sistemas europeus de saúde pode ser vista, ela própria, como instrumento de integração europeia. A mobilidade dos cidadãos no espaço europeu obriga a encontrar soluções que assegurem os direitos dos cidadãos em matéria de saúde, onde quer que se encontrem. Para favorecer a mobilidade dos doentes e dos profissionais de saúde, têm vindo a ser dados passos muito significativos no sentido de avançar para a compatibilização e interoperabilidade dos sistemas de informação médica no espaço europeu (salientando-se a necessidade de transparência na identificação do doente e na transmissão de informação médica, propõe--se a *normalização* do tipo de registos e a uniformização dos sistemas de saúde em linha). Integrado no plano de acção *e-Europe*, o plano *Saúde em linha* pretende optimizar as vantagens da sociedade da informação, no que diz respeito a um *espaço europeu de saúde* (em linha)[4].

1.5. O estudo da reforma do sistema público de saúde, para além da sua actualidade, reveste-se do maior interesse para a dogmática administrativista, permitindo – obrigando a – percorrer (e questionar) os quadros dogmáticos tradicionais de toda a matéria da *Teoria da Organização Administrativa*.

---

[3] v. BULL/MEHDE, *Allgemeines Verwaltungsrecht mit Verwaltungslehre*, 7ª ed., C.F. Müller, Heidelberg, 2005, pp. 510 e ss., max. pp. 516 e ss, onde, a propósito das novas formas de organização da Administração Pública, fala de um princípio de responsabilidade descentralizada de uma Organização unitária (*Systems der dezentralen Verantwortung einer Organisationseinheit*), a qual pressupõe a existência de instrumentos apropriados de informação e regulação (*geeigneter Informations– und Steuerungsinstrumente*).

[4] V. A Comunicação da Comissão ao Conselho, ao Parlamento Europeu, ao Comité Económico e Social e ao Comité das Regiões, de 30 de Abril de 2004: *Saúde em linha – melhorar os cuidados de saúde para os cidadãos europeus: Plano de acção para um espaço europeu da saúde em linha* [COM (2004) 356 final]. Integrado no plano de acção *e-Europe*, o plano *Saúde em linha* pretende optimizar as vantagens da sociedade da informação, no que diz respeito a um espaço europeu de saúde (em linha).

O estudo da Organização Administrativa da Saúde permite, em última instância, comprovar que a tradicional ideia de unidade orgânica da Administração Pública é, na verdade, mera *reminiscência* do passado, expressa através de *metáforas/relíquias* (IPSEN)[5] como a *personalidade jurídica do Estado* (*Staatsperson*), a *vontade do Estado* (*Staatswillen*) ou a u*nidade do poder do Estado* (*Einheit der Staatsgewalt*).

A uma sociedade e a um Estado *democráticos e plurais* (*demokratisch-pluralistischen* Staat) deve, aliás, necessariamente corresponder uma Administração Pública plural (*plurale Verwaltung*) e ao Direito Administrativo cabe, nos nossos dias, garantir o pluralismo na coordenação e na cooperação entre as entidades que desempenham tarefas de administração pública. A *europeização* e a *globalização* tornam tal tarefa tanto mais aliciante quão difícil...

Propõe-se, assim, como pano de fundo da disciplina objecto deste Relatório, tratar, *a pretexto* da reforma do sistema de saúde, dos seguintes temas:

a) A redefinição das tarefas a cargo da Administração Pública *infra-estrutural*, no contexto de uma *Europa reguladora;*

b) A emergência de uma noção funcional de *serviço público,* desempenhado por entidades públicas e por entidades privadas;

c) A falência da noção clássica de *Administração Pública em sentido orgânico* (baseada na pessoa colectiva pública e na unidade do Estado) e a emergência de uma Administração Pública *plural*, no contexto de uma sociedade *democrática* e *plural*;

d) Os *direitos fundamentais* e os deveres dos utentes de serviços públicos e suas implicações do ponto de vista estrutural e orgânico da Administração Pública;

e) Os princípios constitucionais sobre a Organização Administrativa, em especial, a *descentralização* e a *desconcentração administrativas*;

f) O programa PRACE e a reestruturação orgânica da Administração central e periférica do Estado português; um novo conceito de *administração periférica personalizada?*

---

[5] JÖRN IPSEN, *Allgemeines Verwaltungsrecht*, 4ª ed., Carl Heymanns Verlag, Köln, 2005, p. 88.

g) As novas fronteiras entre a *administração directa* e a *administração indirecta*; o repensar da figura dos *serviços personalizados do Estado;*
h) O universo dos *institutos públicos*, seu regime jurídico, e as fronteiras, por exemplo, em face das *entidades públicas empresariais;*
i) A natureza jurídica dos hospitais públicos: a experiência da *empresarialização,* como sociedades de capitais públicos, e a mais recente transformação em entidades públicas empresariais;
j) A redefinição do papel das autarquias locais, em face do Estado e no contexto da *Europa das regiões*;
l) O papel das Autoridades Reguladoras;
m) O papel das Ordens Profissionais;
n) Os modos de gestão de serviços públicos e as parcerias público-privadas;
o) Os regimes de prestação de serviços e de vínculo laboral nas entidades públicas;
p) Os regimes de responsabilidade civil por danos resultantes da actuação dos serviços públicos;
q) Os órgãos de controlo da Administração Pública e dos prestadores de serviço público[6].

---

[6] Sobre as implicações que as transformações da Administração Pública têm inevitavelmente acarretado para a própria dogmática administrativista v., recentemente, entre outros, MATTHIAS RUFFERT, *Die Europäisierung der Verwaltungsrechtslehre*, in *Die Verwaltung,* Duncker & Humblot, Berlin, 2003, pp. 293 e ss.; SABINO CASSESE, *Shrimp, Turtles, and Procedure: Global Standards for National Administrations.* in *International Law and Justice Working Papers*, New York University School of Law, IILJ Working Paper 2004/4 (www.iilj.org); KINGSBURY/KRISCH/STEWART, *The Emergence of Global Administrative Law*, in *International Law and Justice Working Papers*, New York University School of Law, IILJ Working Paper 2004/1 (www.iilj.org); SABINO CASSESE, *Le Trasformazione del Diritto Amministrativo dal XIX al XXI Secolo,* in Rivista Trimestrale di Diritto Pubblico, n.º 1, 2002, pp. 27 e ss.; SABINO CASSESE, *Il Diritto Amministrativo Europeo Presenta Caractteri Originali?,* in Rivista Trimestrale di Diritto Pubblico, n.º 1, 2003, pp. 35 e ss.; SABINO CASSESE, *Le Basi del Diritto Amministrativo,* 5ª ed. (3ª reimp.), Garzanti, Milano, 2004; SANTIAGO GONZÁLEZ-VARAS IBAÑEZ, *El Derecho Administrativo Europeu,* 3ª ed., IAAP, Sevilla, 2005, em especial pp. 319 e ss., (*A possibilidade de um Direito Administrativo Europeu num Plano Doutrinal e Universitário*); BULL/MEHDE, *Allgemeines Verwaltungsrecht mit Verwaltungslehre,* 7ª ed., C.F. Müller, Heidelberg, 2005, pp. 510 e ss.. (*Verwaltung im Wandlung*).

2. Razão de ordem

Ficaram demonstradas, no ponto anterior, a actualidade e a relevância dogmática do tema escolhido como objecto deste Relatório. Acrescente-se, ainda, que a opção por uma disciplina que não tivesse sido ensinada, como tal, na Faculdade de Direito de Lisboa[7], se ficou a dever ao propósito de procurar que este trabalho, sendo inovador, pudesse ter utilidade científica.

Seria possível neste Relatório começar pelo *programa da disciplina*, passar depois aos *conteúdos* e finalizar pelas considerações acerca dos *métodos de ensino*, seguindo, aliás, a ordem indicada pela própria lei, quando exige a feitura de um «relatório sobre o programa, os conteúdos e os métodos de ensino» de uma disciplina.

Opta-se, no entanto, por uma ordem diferente: na verdade, a sequência lógica parece dever ser outra, uma vez que as opções quanto aos métodos de ensino condicionam, inevitavelmente, a determinação dos conteúdos concretos das aulas. E, obviamente, certas opções de base quanto aos próprios objectivos do ensino universitário influenciam também, desde logo, os métodos de ensino a adoptar.

Assim, na primeira parte deste Relatório, apresentar-se-á o *programa* da disciplina, acompanhado de uma breve explicação acerca de alguns dos factores que o condicionam; na segunda parte, far-se-ão algumas considerações acerca das opções perfilhadas em termos de *métodos de ensino* (sendo certo que, tendo já anteriormente, aquando do concurso para professor associado da Faculdade de Direito de Lisboa, elaborado um primeiro relatório desta natureza, propondo a autonomização curricular de uma cadeira de *Contratação Pública*, se julga não fazer sentido voltar a discutir tal temática nos mesmos termos)[8]. Finalmente, na terceira parte, apresentar-se-ão os *conteúdos* do ensino a ministrar (ou seja, os sumários

---

[7] Lembre-se, na área do Direito da Saúde, na Faculdade de Direito de Lisboa, a experiência de Curso de Pós-Graduação de Direito da Bioética e, em 1990 e 1993, por iniciativa conjunta com a Escola Nacional de Saúde Pública, o I e o II Cursos de Direito da Saúde e Bioética. V. *Direito da Saúde e Bioética*, Lex, Lisboa, 1991 e *Direito da Saúde e Bioética*, AAFDL, Lisboa, 1996.

[8] V. MARIA JOÃO ESTORNINHO, *Contratos da Administração Pública. Esboço de Autonomização Curricular*, Almedina, Coimbra, 1999, pp. 73 e ss..

das matérias a leccionar em cada uma das lições, as sugestões bibliográficas específicas para cada tema e diversas sugestões de trabalhos de investigação ou de aplicação de conhecimentos).

Refira-se ainda que se ensaiou uma metodologia nova, relativamente ao Relatório anteriormente elaborado, para efeitos do concurso para professor associado (relativo à disciplina da *Contratação Pública*): na terceira parte do presente Relatório, relativa aos *conteúdos*, o sumário de muitas lições é acompanhado de alguns apontamentos/tópicos de natureza científica, relativamente a alguns pontos da matéria, considerados mais actuais, interessantes ou problemáticos. Tais tópicos não pretendem, de forma alguma, esgotar a matéria a ser leccionada nas aulas correspondentes, mas talvez possam vir a servir de *embrião* de umas futuras *Lições de Organização Administrativa da Saúde*.

PROGRAMA

1. **Proposta de autonomização curricular. A inserção de uma cadeira de Organização Administrativa da Saúde no plano curricular da Faculdade de Direito de Lisboa, no quadro da reforma de Bolonha**

No momento em que se elabora este Relatório, é inevitável ter presente a *reforma de Bolonha* e as suas implicações em termos curriculares, na Faculdade de Direito de Lisboa. Nesse contexto, parece fazer sentido propor a autonomização da disciplina de *Organização Administrativa da Saúde* como cadeira de Mestrado, integrada no 2.º ciclo de estudos, no âmbito da reestruturação curricular à luz da *reforma de Bolonha* (podendo também fazer parte de programas de Doutoramento, ao nível do 3.º ciclo de estudos[1]).

Indo também ao encontro do *espírito de Bolonha*, de diversificação e multidisciplinaridade, tal disciplina reveste-se de interesse, quer para os estudantes que, tendo terminado a licenciatura em Direito, queiram aprofundar os seus conhecimentos de Direito Administrativo, sobretudo na vertente da Organização Administrativa (podendo esta disciplina ser conjugada com outras disciplinas de Direito Administrativo[2] ou de Ciência da Administração[3]), quer para os estudantes interessados em fazer um Mestrado em Direito da Saúde[4] (estudando, a par da *Organização Administrativa da Saúde*, outras disciplinas de Direito da Saúde, na área do Direito Constitucional e do Direito Privado).

---

[1] V. *infra*, as implicações em termos de métodos de ensino.

[2] A propósito do ensino do Direito Administrativo na Faculdade de Direito de Lisboa, v. MARIA JOÃO ESTORNINHO, *Contratos da Administração Pública. Esboço de Autonomização Curricular*, cit., pp. 14 e ss..

[3] V. JOÃO CAUPERS, *Introdução à Ciência da Administração Pública*, Aequitas, Lisboa, 2002.

[4] V. SÉRVULO CORREIA, *Introdução ao Direito da Saúde,* in OLIVEIRA ASCENSÃO e outros, *Direito da Saúde e Bioética,* Lex, Lisboa, 1991, pp. 39 e ss..

Saliente-se, também, que a vocação multidisciplinar de que se reveste a cadeira de *Organização Administrativa da Saúde* pode, ainda, de acordo com a lógica de Bolonha da *formação ao longo da vida*, vir a torná-la aliciante, ao nível de Mestrado, para outros licenciados (em Medicina, Administração Pública ou Gestão Hospitalar).

No entanto, pese embora tal multidisciplinaridade, advirta-se que o programa da disciplina que é proposto neste Relatório adopta uma perspectiva *juspublicística* e, em especial, *jusadministrativista*. Trata-se, de facto, de uma disciplina de Direito Administrativo, mais especificamente, de Teoria da Organização Administrativa (e não, por exemplo, de um estudo de Ciência da Administração ou de Bioética).

Refira-se ainda a necessidade de o programa da cadeira tomar em consideração o contexto actual de formação de *eurojuristas*[5], ou seja, juristas aptos a enfrentar os problemas que se colocam no *espaço europeu* (ou juristas que tenham as bases necessárias para desenvolver futuramente os esforços de especialização necessários para poderem *circular* no espaço comunitário e estender a sua actividade a outros países). Torna-se, assim, imprescindível incluir no programa da disciplina o estudo do Direito da União Europeia relativo à matéria e também, na medida do possível, o estudo do regime jurídico e da doutrina de alguns dos países europeus[6].

Finalmente, ressalve-se ainda que a elaboração do programa de uma disciplina não pode ter pretensões de intemporalidade. Antes pelo contrário, exige flexibilidade e disponibilidade para uma permanente actualização, em função de novas circunstâncias e da evolução da dogmática. Qualquer programa é, assim, fruto de um esforço de abstracção momentâneo, que não deve ser sinónimo de rigidez ou cristalização. Isto torna-se especialmente verdade no caso da cadeira de *Organização Administrativa da Saúde*, quer pelo seu carácter inovador em termos de

---

[5] Considerando como «palavra-chave» a de *jurista europeu*, v. PETER HÄBERLE, *Novos Horizontes e Novos Desafios do Constitucionalismo*, texto da palestra proferida na Conferência Internacional sobre a Constituição Portuguesa, Lisboa, 26 de Abril de 2006, p. 26.

[6] A influência do processo de integração europeia no ensino do Direito vem, de há muito, sendo objecto de reflexão, por exemplo, na Alemanha. V. referências bibliográficas sobre o tema em MARIA JOÃO ESTORNINHO, *Contratos da Administração Pública. Esboço de Autonomização Curricular*, cit., pp. 61 e ss..

autonomização curricular na Faculdade de Direito de Lisboa[7], quer pela evolução vertiginosa da legislação relativa à matéria e às reformas em curso dos sistemas de saúde.

2. **Para uma compreensão das transformações da Administração Pública nos nossos dias...**

O programa de Organização Administrativa da Saúde, que se propõe neste Relatório, tem como pano de fundo a questão das transformações da Administração Pública, a que se tem vindo a assistir nas últimas décadas.

Para um enquadramento geral do tema, sugerem-se as seguintes leituras:

a) Globalização e Administração Pública

GOMES CANOTILHO, *"Brancosos" e Interconstitucionalidade. Itinerários dos Discursos sobre a Historicidade Constitucional,* Almedina, Coimbra, 2006.

SABINO CASSESE, *Shrimp, Turtles, and Procedure: Global Standards for National Administrations.* in *International Law and Justice Working Papers*, New York University School of Law, IILJ Working Paper 2004/4 (www.iilj.org).

KINGSBURY/KRISCH/STEWART, *The Emergence of Global Administrative Law*, in *International Law and Justice Working Papers*, New York University School of Law, IILJ Working Paper 2004/1 (www.iilj.org).

---

[7] Lembre-se, na área do Direito da Saúde, na Faculdade de Direito de Lisboa, a experiência de Cursos de Pós-Graduação de Direito da Bioética e, em 1990 e 1993, por iniciativa conjunta com a Escola Nacional de Saúde Pública, o I e o II Cursos de Direito da Saúde e Bioética. V. *Direito da Saúde e Bioética*, Lex, Lisboa, 1991 e *Direito da Saúde e Bioética*, AAFDL, Lisboa, 1996. Na Faculdade de Direito da Universidade de Coimbra, tenha-se presente a actividade do Centro de Direito Biomédico, que promove regularmente Cursos de Pós-Graduação em Direito da Medicina (ex. 8 cursos de Pós-graduação em Direito da Medicina e 2 Cursos breves de Pós-Graduação em questões de responsabilidade médica; v. os respectivos programas em www.lexmedicinae.org/por/cursos).

b) Europeização do Direito Administrativo e da Ciência Jurídico-
-Administrativa.

Fausto de Quadros, *A Nova Dimensão do Direito Administrativo*, Almedina, Coimbra, 1999.

Marcelo Rebelo de Sousa e André Salgado de Matos, *Direito Administrativo Geral*, Tomo I, 2ª ed., Dom Quixote, Lisboa, 2006, pp. 118 e ss..

Vasco Pereira da Silva, *O Contencioso Administrativo no Divã da Psicanálise. Ensaio sobre as Acções no Novo Processo Administrativo*, Almedina, Coimbra, 2005, pp.97 e ss..

Jürgen Schwarze e outros, *Das Verwaltungsrecht unter europäischem Einfluss*, Nomos, Baden-Baden, 1996.

Eberhard Schmidt-Assmann, *Strukturen des Europäischen Verwaltungsrechts: Einleitende Problemskizze*, in Eberhard Schmidt-Assmann e Wolfgang Hoffmann-Riem, *Strukturen des Europäischen Verwaltungsrechts*, Nomos, Baden-Baden, 1999, pp. 9 e ss..

Wolfgang Hoffmann-Riem, *Telekommunikationsrecht als europäisiertes Verwaltungsrecht*, in Eberhard Schmidt-Assmann e Wolfgang Hoffmann-Riem, *Strukturen des Europäischen Verwaltungsrechts*, Nomos, Baden-Baden, 1999, pp. 191 e ss..

Sabino Cassese, *Diritto Amministrativo Comunitario e Diritti Amministrativi Nazionali*, in Chiti/Greco, *Tratatto di Diritto Amministrativo Europeo*, Giuffrè, Milano, 1997, pp. 3 e ss..

Sabino Cassese, *Le Trasformazione del Diritto Amministrativo dal XIX al XXI Secolo*, in Rivista Trimestrale di Diritto Pubblico, n.º 1, 2002, pp. 27 e ss..

Sabino Cassese, *Il Diritto Amministrativo Europeo Presenta Caractteri Originali?*, in Rivista Trimestrale di Diritto Pubblico, n.º 1, 2003, pp. 35 e ss..

Sabino Cassese, *Le Basi del Diritto Amministrativo*, 5ª ed. (3ª reimp.), Garzanti, Milano, 2004.

Matthias Ruffert, *Die Europäisierung der Verwaltungsrechtslehre*, in *Die Verwaltung*, Duncker & Humblot, Berlin, 2003, pp. 293 e ss..

Santiago González-Varas Ibañez, *El Derecho Administrativo Europeu*, 3ª ed., IAAP, Sevilla, 2005, em especial pp. 319 e ss., (*A possibilidade de um Direito Administrativo Europeu num Plano Doutrinal e Universitário*).

BULL/MEHDE, *Allgemeines Verwaltungsrecht mit Verwaltungslehre*, 7ª ed., C.F. Müller, Heidelberg, 2005, pp. 510 e ss.. (*Verwaltung im Wandlung*).

c) Transformações recentes da Administração Pública

SEBASTIANO LICCIARDELLO, *Profili Giuridici della nuova Amministrazione Pubblica*, Giappichelli Editore, Torino, 2000.

SAINZ MORENO, *El Valor de la Administración Pública en la Sociedad Actual*, in SAINZ MORENO (coord.) e outros, *Estudios para la Reforma de la Administración Pública*, INAP, Madrid, 2004, pp. 103 e ss..

PRATS CATALÁ, *Las Transformaciones de las Administraciones Públicas de Nuestro Tiempo*, in SAINZ MORENO (coord.) e outros, *Estudios para la Reforma de la Administración Pública*, INAP, Madrid, 2004, pp.27 e ss..

GRÖSCHNER/MASING, *Transparente Verwaltung – Konturen eines Informationsverwaltungsrechts*, VVDStRL, 2004, pp. 344 e ss..

ALFRED KATZ, *Staatsrecht*, 16ª ed., C.F. Müller, Heidelberg, 2005, pp. 242 e ss..

BERND GRZESZICK, *Das Grundrecht auf eine gute Verwaltung – Strukturen und Perspecktiven des Charta-Grundrechts auf eine gute Verwaltung*, in *Europa Recht*, n.º 2, 2006, pp. 161 e ss..

KLAUS-PETER DOLDE, *Verwaltungsverfahren und Deregulierung*, in *Neue Zeitschrift für Verwaltungsrecht*, n.º 8, 2006, pp. 857 e ss..

3. **Programa da disciplina de *Organização Administrativa da Saúde***

PARTE I
A Saúde na Constituição de 1976

1) Enquadramento constitucional da Organização Administrativa da Saúde
2) Direitos e deveres fundamentais dos utentes de serviços públicos de saúde

PARTE II
A Saúde no contexto de uma *Europa reguladora*

3) A falência dos sistemas públicos de saúde europeus e a emergência de uma noção funcional de serviço público de saúde
4) Integração europeia e saúde
5) A reforma dos sistemas de saúde europeus
   a) Alemanha
   b) Grã-Bretanha
   c) França
   d) Espanha

PARTE III
O novo *rosto* do serviço público de saúde em Portugal

6) O Sistema Nacional de Saúde
7) A Administração Central e Periférica do Estado na área da saúde
8) Os Institutos Públicos na área da saúde
9) Os Hospitais Públicos
10) As atribuições autárquicas em matéria de saúde
11) O exercício privado de funções de serviço público de saúde
12) As Faculdades de Medicina e afins
13) As Ordens Profissionais
14) A Entidade Reguladora da Saúde (ERS)
15) As entidades de natureza consultiva
16) Os órgãos de controlo da Administração da Saúde

PARTE IV
O Sistema Nacional de Saúde e a renovação dos quadros dogmáticos tradicionais da Teoria da Organização Administrativa

17) A redefinição do universo da Administração Pública em sentido orgânico

18) Modos de gestão de serviços públicos
19) Vínculos laborais e relações de prestação de serviços nos serviços públicos
20) Regimes de responsabilidade por actos de serviços de saúde

4. *Sites* úteis

Uma última advertência: como já foi referido, neste Relatório propõe-se uma abordagem jurídica (jus-administrativista) da matéria da Organização Administrativa da Saúde.

Tal abordagem pressupõe, naturalmente, que se procure (prévia ou simultaneamente) tomar conhecimento da realidade dos sistemas de saúde europeus e, em particular, das suas reformas em curso. Tal poderá ser feito, por exemplo, através dos seguintes *sites* e dos *links* que eles incluem:

    http://www.min-saude.pt
    http://www.portaldasaude.pt
    http://europa.eu/pol/health/index
    www.euro.who.int/observatory/ctryinfo (*site* do *European Observatory on Health Systems and Policies*)
    www.lexmedicinae.org/por/cursos (*site* do Centro de Direito Biomédico da Faculdade de Direito de Coimbra contendo uma série de *links* a outros *sites* interessantes na matéria)
    http://www.observaport.org/OPSS (*site* do Observatório Português dos Sistemas de Saúde/Escola Nacional de Saúde Pública UNL)

MÉTODOS DE ENSINO E DE AVALIAÇÃO

1. **Da universidade como** *santuário do saber* **à universidade do século XXI: o risco da universidade como** *linha de montagem* **meramente profissionalizante**[1].

Seria possível neste Relatório começar pelo *programa da disciplina*, passar depois aos *conteúdos* e finalizar pelas considerações acerca dos *métodos de ensino*, seguindo, aliás, a ordem indicada pela própria lei, quando exige a feitura de um «relatório sobre o programa, os conteúdos e os métodos de ensino» de uma disciplina.

Opta-se, no entanto, como ficou dito anteriormente, por uma ordem diferente: na verdade, a sequência lógica parece dever ser outra, uma vez que as opções quanto aos métodos de ensino condicionam, inevitavelmente, a determinação dos conteúdos concretos das aulas. E, obviamente, certas opções de base quanto aos próprios objectivos do ensino universitário influenciam também, desde logo, os métodos de ensino a adoptar.

Duas advertências prévias: por um lado, lembrar que já anteriormente, aquando do concurso para professor associado da Faculdade de Direito de Lisboa, tive ocasião para reflectir, problematizando, sobre a questão da metodologia do ensino jurídico. Obrigando a lei à elaboração de novo Relatório, para efeitos de prestação de provas de agregação, julgo que não se justifica voltar a colocar a questão nos mesmos termos[2]. Trata-se assim, aqui, de explicitar as opções de fundo (do ponto de vista da metodologia do ensino) que estão subjacentes à Parte III deste Relatório (onde se concretizam os conteúdos da disciplina e as propostas

---

[1] Terminologia utilizada por ROBERT PAUL WOLFF, in *O Ideal da Universidade*, UNESP, trad., São Paulo, 1993.

[2] Em relação aos «métodos de ensino e de avaliação», v. o relatório elaborado para efeitos de concurso para professor associado da Faculdade de Direito de Lisboa; MARIA JOÃO ESTORNINHO, *Contratos da Administração Pública (Esboço de Autonomização Curricular)*, Almedina, Coimbra, 1999, pp. 73 e ss..

pedagógicas adoptadas); por outro lado, do ponto de vista do tipo de aulas (teóricas, práticas ou teórico-práticas), do seu número e respectivos tempos lectivos, da duração da cadeira e do tipo de exames a realizar, haverá, em cada momento, pura e simplesmente, que aplicar as regras em vigor (nomeadamente, as decorrentes do regulamento de avaliação da Faculdade de Direito de Lisboa).

Num momento em que se assiste à reestruturação do ensino universitário europeu, no quadro da reforma de Bolonha, vale a pena ter presente que, ao longo dos tempos, têm existido diversos modelos de Universidade e reflectir sobre qual será, porventura, o modelo adequado à realidade dos nossos dias.

Em termos tradicionais, a Universidade é verdadeiro *santuário do saber*, *torre de marfim* onde um grupo de sábios se dedica, de forma *etérea,* ao seu ofício livresco. A actividade de erudição tem as suas origens no estudo dos textos religiosos que floresceram na tradição hebraica, cristã e islâmica do mundo antigo e medieval. No renascimento, o estudo erudito dedica-se também às literaturas grega e romana.

Este saber erudito assume papel central de transmissão e comentário de um *corpus* sacro ou secular.

A propósito do discurso cultural medieval, UMBERTO ECO reconhece que ele «parece, de fora, um enorme monólogo sem diferenças porque todos se preocupam em usar a mesma linguagem, as mesmas citações, os mesmos argumentos, o mesmo léxico, e parece ao ouvinte externo que se diz sempre a mesma coisa». No entanto, lembra que «o medieval sabe perfeitamente que da *autorictas* se pode fazer aquilo que se quiser: "A autoridade tem um nariz de cera que pode ser deformado como se quiser", diz Allain de Lille no século XII. Mas já antes Bernardo de Chartres tinha dito: "Nós somos como anões aos ombros dos gigantes"; os gigantes são as autoridades indiscutíveis, muito mais lúcidas e clarividentes do que nós; mas nós, pequenos como somos, quando nos apoiamos sobre elas vemos mais longe»[3].

A Universidade do erudito, do *Gelehrte*, inspira-se no modelo clássico e tende a fechar-se sobre si própria, sendo uma comunidade auto--governada de intelectuais, cujos estudos são guiados por professores

---

[3] UMBERTO ECO, *A Nova Idade Média*, in *Viagem na Irrealidade Quotidiana*, trad., Difel, 1986, pp. 69 e 70.

mais experientes. Trata-se normalmente de pequenas comunidades onde a erudição e a tradição imperam, alheias a preocupações sociais de eficiência.

Noutro modelo, a Universidade é encarada como *campo de treino* para as profissões liberais. Desta perspectiva, a principal tarefa da Universidade será, de alguma maneira, a de dividir os alunos entre aqueles que são aptos a vir eventualmente a exercer uma determinada profissão e os que não são. Na verdade, neste sistema, a avaliação assume, a par da formação, um papel absolutamente fundamental. Em relação aos que são considerados aptos para vir a exercer uma profissão, a Universidade deve ainda proceder à respectiva graduação, segundo uma escala de aptidão e excelência (graduação essa que pode vir a ser decisiva na futura repartição de vagas ou lugares)[4].

O papel do professor universitário assume, neste caso, contornos totalmente diferentes dos do modelo anterior, tendo a seu cargo duas tarefas distintas e, por vezes, de difícil compatibilização: por um lado, o trabalho intelectual criativo e, por outro, a participação no processo de formação profissional.

A actividade de criação intelectual e de orientação de outros que se iniciam nessas lides, é uma actividade descomprometida, que se pauta por critérios de verdade e de originalidade, ao passo que a segunda tarefa tende a nortear-se por critérios, assumidos e definidos socialmente, de competência, eficiência e praticabilidade.

É oportuno colocar, a este propósito, a questão da opção entre um ensino universitário virado para a formação profissional ou, antes, para a habilitação técnica e científica. E, obviamente, a opção de fundo que se faça a este nível condiciona inevitavelmente quer o tipo de disciplinas que deve integrar o currículo (disciplinas de enquadramento geral ou de especialização), quer a escolha dos próprios métodos de ensino[5].

---

[4] Este aspecto é, por exemplo, absolutamente fundamental no sistema norte-americano de faculdades «preparatórias» em relação às escolas de «pós-graduação profissional», sendo a classificação obtida nas primeiras decisiva na obtenção de vagas nas segundas.

[5] Na Alemanha, por exemplo, assiste-se de há uns anos a esta parte a um repensar do sistema tradicional, assente no conceito de «jurista global ou unitário», preparado em geral para o exercício de qualquer profissão jurídica (e formado segundo um modelo inspirado na figura do juiz). As grandes opções colocam-se a propósito das seguintes

Em Portugal, a tradição não é a de as Faculdades de Direito formarem licenciados aptos a exercer, sem mais, uma profissão jurídica, sendo esse o papel reservado aos estágios específicos de cada profissão em concreto. Isto significa que se tem procurado privilegiar os aspectos formativos de base, deixando-se a aquisição de conhecimentos práticos para momento posterior.

Um terceiro modelo de Universidade, muito em voga nos EUA[6], é o da Universidade como «agência de prestação de serviços». Neste modelo, a Universidade *abre-se à sociedade* e presta-lhe uma série de serviços (educacionais, de pesquisa, de consulta e outros)[7].

Uma Universidade adequada aos dias de hoje deverá, porventura, esforçar-se por procurar aproveitar as virtualidades de cada um dos três modelos referidos, tentando não correr o risco de cair nos excessos que cada um deles pode implicar: uma Universidade que, sem correr o risco de se tornar *autista*, saiba manter-se como *refúgio* propício à actividade de investigação e à criação intelectual; uma Universidade atenta às realidades, preparando os seus alunos para poderem mais tarde vir a exercer uma profissão, sem no entanto correr o risco de se transformar numa mera *linha de montagem* profissionalizante; uma Universidade que soubesse colocar-se ao serviço da comunidade, prestando-lhe serviços, sem no entanto correr o risco de se deixar instrumentalizar pelo poder político ou pelo poder económico.

---

alternativas: generalismo/especialização, conhecimento específico/interdisciplinariedade, teoria/prática. V. HILMAR FENGE e outros, *Legal Education and Training in Europe – Germany*, in *International Journal of the Legal Professional*, vol. 2, n.º 1, 1995, pp. 95 e ss., p. 111.

[6] O teórico deste modelo terá sido CLARK KERR, antigo reitor da Universidade da Califórnia, que nos seus *Usos da Universidade*, publicados na sequência de uma conferência em Harvard, em 1963, introduziu o conceito de *multiversidade*. A este propósito, v. ROBERT PAUL WOLFF, *O Ideal da Universidade*, cit., p. 55, onde lembra que «a antiga imagem do enclave murado, é óbvio, torna-se totalmente inapropriado para a moderna multiversidade, que não tem muros nem portões e, assim, não se pode dizer que ela está "aberta" à sociedade mais ampla. Ela simplesmente funde-se com as suas cercanias, de modo que mesmo quanto aos orçamentos e à administração pode ser difícil discernir os limites precisos da instituição».

[7] Acerca da questão da prestação de serviços pelas Universidades e, mais em geral, da questão do financiamento das Universidades, v. MARTIN BULLINGER, *Finanzierung der Universität nach ihren Leistungen,* in *Juristen Zeitung*, 1998, pp. 109 e ss..

Mais do que a opção por um modelo único, é porventura adequado aceitar que a Universidade deve ser, nos dias de hoje, um espaço plural e diversificado, no qual seja possível desenvolver actividades diversas. A lógica de Bolonha parece ir nesse sentido, ao distinguir, por exemplo, ao nível do ensino pós-graduado, diversos tipos de Mestrado, uns de natureza profissionalizante e outros vocacionados para a investigação.

É, assim, importante, numa disciplina como a de *Organização Administrativa da Saúde*, pensada como cadeira do 2º ciclo do plano de estudos, distinguir vários níveis, propondo actividades diferentes (umas pensadas para destinatários que, numa lógica profissionalizante, pretendam aprofundar o seu conhecimento da realidade das estruturas administrativas da saúde e, por exemplo, das reformas em curso; outras, destinadas aqueles que queiram dedicar-se a temas de investigação na matéria, quer ao nível do Mestrado, quer mesmo do Doutoramento).

2. **Os «novos» modelos pedagógicos: por uma lógica integrada de** *pedagogia por objectivos* **e de** *pedagogia de projecto***.**

O modelo pedagógico tradicional no ensino superior assenta numa estratégia de comunicação orientada quase exclusivamente no sentido do docente para o estudante. O ensino assume normalmente carácter colectivo, sendo a aprendizagem individual encarada como de exclusiva responsabilidade do estudante, em termos de trabalho pessoal e individual.

De há alguns anos a esta parte que se começaram a ensaiar experiências pedagógicas baseadas na intervenção do docente no trabalho individual do estudante, com níveis diversificados de ajuda.

A este propósito, é interessante lembrar aqui as palavras de UMBERTO ECO, já há uma série de anos, no seu livro *Como se faz uma tese em Ciências Humanas*: «a Universidade italiana é hoje uma universidade de massas. A ela chegam estudantes de todas as classes, provenientes de todos os tipos de escola média (...). Certos cursos têm milhares de inscritos (...). Entre estes, há os que cresceram numa família abastada e culta, em contacto com um ambiente cultural vivo, que podem permitir-se viagens de estudo, vão aos festivais artísticos e teatrais e visitam países estrangeiros. Depois há os outros. (...) Estudantes que por vezes vêm à aula e têm dificuldade em encontrar um lugar numa sala apinhada; e no fim queriam falar com o professor, mas há uma fila de trinta pessoas (...).

Estudantes a quem nunca ninguém disse como procurar um livro numa biblioteca e em que biblioteca (...). Os conselhos deste livro servem particularmente para estes»[8].

Torna-se hoje imprescindível encontrar modelos pedagógicos que permitam, na medida do possível – sem transigir no grau de seriedade e exigência – adequar o ensino universitário às necessidades da sociedade actual e às aptidões e interesses (quiçá às carências) dos estudantes que chegam às nossas Faculdades.

A diversidade terminológica e conceptual existente no âmbito daquilo a que, no século XX, se chamou a *nova pedagogia,* é labiríntica e desconcertante para quem, sem ser especialista, se aventura em tais matérias. Ainda assim, vale a pena ter presentes algumas das suas manifestações.

A *pedagogia por objectivos* nasceu nos EUA, com TYLER, sob a influência do taylorismo e da organização científica do trabalho. Em bom rigor, a ideia de precisar claramente os objectivos da educação impõe-se a partir do século XX, mas é no ambiente dos EUA, dos anos 60, que ela se desenvolve, através da aplicação à educação de uma ideia mais geral de racionalização sistemática do trabalho para aumentar a produtividade (é inegável a relação com um movimento mais geral de racionalização da gestão das empresas, aliada a critérios de eficácia)[9].

Parece útil aceitar a lógica sequencial da *pedagogia por objectivos*: determinação dos objectivos, organização dos elementos de aprendizagem, previsão de estratégias de funcionamento, acompanhamento de mecanismos de *feedback* e de avaliação de resultados.

Este tipo de metodologia tende a ser acompanhado da opção por uma lógica de trabalho individual contínuo, sendo as aulas tradicionais substituídas por pequenos grupos de trabalho, com marcação de sucessivos objectivos parcelares, tendo sempre em vista, em última instância, o objectivo final.

---

[8] UMBERTO ECO, *Como se faz uma Tese em Ciências Humanas,* trad., Ed. Presença, 1977, p. 20.

[9] Fala-se a este propósito, muitas vezes, de *tecnologia educativa,* a qual teve o seu apogeu no começo dos anos 70 e é substituída pela *pedagogia por objectivos* por volta de 1975, sendo depois esta suplantada pela *engenharia pedagógica,* que se torna *engenharia de competências (mastery learning)*.

Neste contexto, a avaliação desempenha um papel fundamental e surge em três momentos distintos do processo de aprendizagem: num momento prévio, traduzindo-se na realização de testes de pré-requisitos ou de *saber-fazer*; ao longo de toda a aprendizagem, sendo a avaliação parcelar fundamental, com vocação *diagnóstica* e como forma, em si mesma, de aprendizagem; finalmente, a avaliação final.

Como corolários práticos, que se inspiram nesta *pedagogia por objectivos* e que parecem ser não apenas razoáveis, como indispensáveis, podem apontar-se:

a) a necessidade de facultar aos estudantes o programa da cadeira, explicitando claramente os objectivos da aprendizagem;

b) a necessidade de prever tarefas concretas a realizar a propósito de cada matéria, identificando-se o objectivo a alcançar e sugerindo a actividade a desenvolver ou o exercício a efectuar (daí que na terceira parte deste Relatório se adopte o sistema de, em relação a cada matéria, indicar o sumário da aula teórica e as correspondentes pistas de reflexão, bem assim como o roteiro de leituras específicas sobre o tema em causa e as sugestões de actividades e de exercícios a realizar para esse ponto específico da matéria);

c) a conveniência de realizar provas de avaliação ao longo da aprendizagem, começando também – quando tal se justifique – por provas de *diagnóstico* (por exemplo, numa cadeira como a de *Organização Administrativa da Saúde*, que se pretende seja uma cadeira de especialização, faz sentido que, no início, existam provas de *diagnóstico* relativamente a matérias gerais de Organização Administrativa e de Direito Administrativo, provas que devem sobretudo servir de estímulo aos estudantes para efectuarem revisões de matérias dessas cadeiras, importantes para permitir uma melhor compreensão do programa desta disciplina).

Outra corrente da *nova pedagogia* é a denominada *pedagogia do projecto*. Esta teoria anda associada a KILPATRICK que, nos anos 20 do século XX, inspirado nas teorias de DEWEY com quem colabora no *Teachers College* da *Columbia University*, propõe um processo de aprendizagem essencialmente activo, centrado na resolução de problemas.

Parece fazer especialmente sentido aproveitar as potencialidades deste método, ao nível do ensino superior. Em termos de projecto pedagógico, neste método tudo gira em torno da realização por cada estudante (individualmente ou em grupo) de um projecto concreto, desenvolvendo-se tal trabalho em quatro fases: escolha do objectivo, planificação, realização e avaliação.

A lógica inicial dos cultores deste método era a de o projecto servir, ele próprio, como meio de aquisição de primeiros conhecimentos. Aos poucos, passou a ser encarado, pelo menos no ensino universitário, como um meio de aplicar e aprofundar conhecimentos. Pretende-se, assim, proporcionar aos estudantes ocasião de pôr em prática conhecimentos teóricos anteriormente já adquiridos, ensaiando a resolução de um problema, semelhante aos que provavelmente encontrarão na sua vida profissional futura. Estes processos começaram por ser experimentados essencialmente em faculdades de engenharia e de arquitectura.

Estes projectos serão tanto mais interessantes (e, obviamente, tanto mais complexos) quanto mais privilegiarem a unidade do objecto de estudo, em detrimento de visões puramente parcelares. Assim, este tipo de método, a ser levado às últimas consequências, tende a favorecer a escolha de projectos multidisciplinares, prestando-se para a aplicação em trabalhos de fim-de-curso, em que se procure levar os alunos a relacionar conhecimentos que adquiriram em diversas cadeiras, aplicando-os à resolução de um problema da *vida real* (o que raramente se compadece com as compartimentações algo artificiais que, para efeitos de estudo, se estabelecem em termos curriculares).

É possível pôr em prática, com proveito, algumas das sugestões que decorrem deste método da *pedagogia de projecto*, procurando conciliar o mais possível a exigência do docente em relação à disciplina que lecciona e as preferências do estudante, cuja curiosidade intelectual poderá ser aguçada pelo desafio de resolução dos referidos problemas.

Nesta cadeira de *Organização Administrativa da Saúde*, os estudantes podem – com grande interesse e a maior actualidade –, tomar a seu cargo o estudo de casos concretos de reestruturação de unidades de saúde (seja o encerramento de maternidades, a reestruturação de unidades de urgência, a criação de unidades de saúde familiar, a aplicação de novos modelos de gestão hospitalar, etc.)[10].

---

[10] No relatório sobre a cadeira de *Contratação Pública*, propõe-se que os estudantes sejam convidados a realizar um projecto, ao longo do semestre, cujos objectivos e tramitação devem ser apresentados logo nas primeiras aulas, a fim de servir de estímulo à

A outro nível, ainda, a lógica da *pedagogia de projecto* leva também, em última instância, no ensino universitário, a ter em conta, na própria organização do curso, o projecto de vida de cada estudante, ajudando-o a prever um projecto de vida profissional e a realizar a sua formação tendo em vista essa perspectiva de médio prazo. Trata-se de uma visão *activa* e não meramente *passiva* do ensino, em que o estudante é chamado a escolher as disciplinas que prefere e que mais convenientes lhe parecem, da perspectiva das suas próprias opções futuras.

A *reforma de Bolonha*, implicando a flexibilização e a diversificação dos currículos, abrindo as portas à possibilidade de cada estudante *compor* o seu próprio percurso, inspira-se, precisamente, nesta lógica.

Importa ainda fazer uma referência à chamada *pedagogia de mestria* (*mastery learning*), a qual data da década de 60 e fica a dever-se a BLOOM, que foi aluno de TYLER, na Universidade de Chicago, e desenvolve as suas teorias enquanto este elabora a teoria contemporânea da definição dos objectivos da educação. Em plenos anos 60, com a explosão populacional em todos os níveis de ensino (ao nível do ensino primário, a causa próxima foi o próprio *baby-boom*; no caso do ensino universitário, são várias as razões de natureza sócio-económica e cultural responsáveis por esse aumento da população estudantil) e a heterogeneidade cada vez mais acentuada dos destinatários do ensino, a questão de fundo era a de saber como conseguir que cada aluno aproveitasse o melhor possível as suas capacidades. Tratava-se, assim, de saber como fazer para que todos (com capacidades diversas e antecedentes completamente diferentes) atingissem os objectivos de aprendizagem.

O plano KELLER, inspirado na *pedagogia da mestria*, tem sido posto em prática no ensino universitário[11]. A ideia de fundo neste método consiste na divisão de cada curso em módulos, sendo o acesso a cada módulo posterior condicionado pela *mestria* (domínio) dos pré-requisitos adquiridos

---

própria aprendizagem. Tal projecto desenrola-se em diversas fases, desde a simulação de um procedimento pré-contratual, à execução do contrato e à resolução de litígios que pudessem surgir entre as partes (em cada um dos momentos, os estudantes são convidados a assumir os diversos *papéis:* entidade pública contraente, co-contraente, juiz, advogado, jurisconsulto, etc.). V. MARIA JOÃO ESTORNINHO, *Contratos da Administração Pública (Esboço de Autonomização Curricular)*, cit., p. 84.

[11] V. MARIA JOÃO ESTORNINHO, *Contratos da Administração Pública. Esboço de Autonomização Curricular*, cit., pp. 85 e ss..

nos módulos anteriores. Em relação a cada um desses módulos, deverá o professor fazer uma breve introdução e, seguidamente, os estudantes, munidos de guias de estudo, trabalham individualmente ou em grupo, sendo normalmente convidados a resolver determinados exercícios ou problemas. Este método pauta-se por esquemas flexíveis, onde a liberdade individual deve ser respeitada e, assim, desde logo, cada aluno tem liberdade para dedicar mais ou menos tempo à preparação do módulo, consoante as suas preferências e capacidades. Nesta lógica, os professores devem estar disponíveis para ir auxiliando e resolvendo dúvidas, enquanto os alunos trabalham, podendo esse trabalho ser acompanhado de suportes diversos (consoante os casos, manuais e outros elementos bibliográficos, laboratórios, filmes, suportes informáticos, etc.). Finalmente, a passagem ao módulo seguinte depende da aprovação em testes (de diagnóstico ou de avaliação, consoante os casos).

Elemento essencial nestes modelos pedagógicos é a própria avaliação, a qual faz parte integrante do próprio sistema. É verdade que estes métodos pedagógicos acabam por tornar-se, porventura, mais exigentes para o estudante *médio*, pressupondo a vontade de investigar e exigindo um esforço pessoal de acompanhamento ao longo de todo o período de leccionação da cadeira.

Em relação à avaliação, e ao contrário do que existe noutros países, parece preferível manter a tradição de a avaliação ser feita pela própria Universidade e não através de instâncias que lhe sejam exteriores[12].

---

[12] No sistema alemão tradicional, por exemplo, condição geral para o exercício de qualquer profissão jurídica tradicional é o *Befähigung zum Richteramt*, através de dois *Staatsexamen* (sendo o primeiro *Staatsprüfung* realizado no final dos estudos na Universidade e o segundo depois do *Vorbereitungsdienst*, um estágio de carácter prático); parte-se, assim, de uma concepção de *two-tier program* (teórico e prático) e de *unitary jurist* (independentemente da profissão jurídica que vier a exercer, o estagiário, para aceder à categoria de *Volljurist*, deve passar períodos de treino em diversos locais obrigatórios: um *Zivilgericht*, um *Staatsanwaltsschaft* ou um *Strafgericht*, uma entidade administrativa, um escritório de advogados e um outro local à sua escolha); o que agora importa salientar é que, cabendo às Universidades a obrigação de preparar os estudantes para os *Staatsexamen*, a avaliação cabe a instâncias exteriores (constituindo, ainda assim, dever dos professores colaborar com o *Landesjustizprüfungsamt* na selecção das matérias e na examinação dos candidatos – em colaboração com juízes, advogados, notários e outros juristas). Sobre este sistema tradicional e as críticas que, a partir de dada altura passou a suscitar, v. FENGE, *Legal Education and Training in Europe – Germany*, cit., pp. 95 e ss..

A avaliação desempenha um papel essencial, que vai muito além da *notação* e da *ordenação* dos estudantes: é a própria avaliação que permite fazer o balanço acerca do ensino que está a ser ministrado e da sua eficácia e adequação ao nível geral dos alunos, permitindo aferir da justeza das próprias opções metodológicas.

Em bom rigor, no ensino universitário, mais do que uma *pedagogia de mestria* (subjacente à qual está a ideia de que o grupo espera até que todos consigam alcançar determinado nível de aprendizagem, para se poder avançar para o módulo seguinte), deve pôr-se em prática uma *pedagogia de excelência* (aceitando a existência de níveis diferenciados de aprendizagem e de exigência e cabendo ao professor a tarefa de criar condições para que cada estudante possa ir tão longe quanto as suas capacidades e a sua vontade e esforço o permitam)[13].

3. Do policopiado à Internet...

Parece, assim, possível articular as aulas teóricas e as aulas práticas (ou, no caso de existirem aulas teórico-práticas, a componente teórica e a componente prática), pondo em prática a *pedagogia por objectivos*. As aulas teóricas podem ser encaradas como um conjunto de palestras, incidindo sobre temas bem definidos. Tais palestras devem formar um todo lógico e harmónico, mas há vantagem em identificar claramente o tema a abordar em cada uma delas e, no caso dos temas que exijam tratamento em mais do que uma aula, haverá que o subdividir claramente em temas relativamente autónomos.

O propósito da aula teórica é, assim, o de introduzir o tema em causa, fazendo o levantamento das principais questões que coloca, problematizando com profundidade algumas dessas questões e deixando pistas de investigação a desenvolver, bem assim como sugestões de exercícios a realizar (individualmente e em aulas práticas).

---

[13] Tendo também em atenção que, a par de transmitir conhecimentos, é fundamental transmitir valores e atitudes. A propósito dos valores no ensino da neurocirurgia, v. JOÃO LOBO ANTUNES, *Ensinar e Aprender Neurocirurgia*, in *Um Modo de Ser – Ensaios*, Gradiva, 9ª ed., 1998, pp. 33 e ss., p. 41, onde afirma: «Se ensinar ética não é fácil, ensinar a compaixão é-o ainda menos. Alguns dos nossos internos parecem por vezes tão indiferentes à dor e ao sofrimento dos doentes que tratam, que quase perdemos a esperança de um dia se tornarem médicos responsáveis e humanos».

Como em qualquer outra palestra, no final da aula teórica a audiência deve ter a oportunidade de colocar eventuais dúvidas, devendo a aula ser programada de forma a reservar alguns minutos para o esclarecimento de tais questões.

Tratando-se, na aula teórica, de definir os objectivos, fornecer elementos de reflexão e sugerir tarefas concretas, despertando no estudante o interesse e a curiosidade em aprofundar o tema em causa, torna-se fundamental que, no final da aula, sejam feitas sugestões de leituras específicas sobre o tema tratado e sejam propostos trabalhos a realizar.

Parece, assim, adequado, seguir o seguinte esquema nas aulas teóricas:
A) Delimitação do tema (2 minutos);
B) Desenvolvimento do tema (40 minutos);
C) Esclarecimento de algumas dúvidas (5 minutos);
D) Determinação de objectivos de investigação: sugestões de leituras e sugestões de trabalhos (3 minutos).

As propostas pedagógicas que temos vindo a analisar incentivam a abandonar a lógica meramente expositiva das aulas (ou, quando muito, de monólogo interrompido por interrogatórios aos alunos ou pela permissão a estes para colocarem as suas dúvidas), transformando algumas aulas em espaço de trabalho activo e criativo do aluno (individualmente ou em grupo). Interessante é também, nesta lógica, transferir algumas das aulas para espaços físicos diferentes da sala de aula tradicional (a Biblioteca, a sala de informática ou a sala de simulações de julgamento parecem ser soluções apropriadas).

Justifica-se também convidar representantes das entidades ligadas à matéria objecto de estudo para proferir pequenas palestras e/ou dialogar com os estudantes sobre as realidades em análise. Em alguns casos, tal pode ser integrado no tempo lectivo de uma aula teórica, noutros casos pode mesmo ser organizada uma visita de estudo à entidade em causa. No caso em apreço, a *Organização Administrativa da Saúde*, poderia tratar-se, entre outros, de representantes do Ministério da Saúde, da Entidade Reguladora da Saúde, das Ordens profissionais do sector, de hospitais ou de outras unidades de prestação de cuidados de saúde.

As *Lições*, tradicionalmente policopiadas, continuam, sem dúvida, a ser um elemento de estudo fundamental a fornecer aos estudantes, constituindo dever do professor universitário a sua elaboração e permanente actualização.

Pautando-se o ensino universitário por uma ideia de liberdade, é desejável que tais lições possam servir de *roteiro* para o percurso de investigação que (alguns) estudantes queiram por si próprios percorrer. Em relação às leituras recomendadas, mais importante do que fornecer longas e exaustivas listas de bibliografia genérica parece ser ir fazendo sugestões de leitura concretas, específicas para cada ponto da matéria (o que explica, na Parte III deste Relatório, a inexistência de uma lista bibliográfica generalista e a opção pela indicação de leituras adequadas ao aprofundamento do tema de cada uma das lições do curso)[14].

Instrumento de trabalho indispensável são hoje, obviamente, as redes de bancos de dados (legislação, jurisprudência e arquivos bibliográficos) a que é possível aceder através da Internet.

Por outro lado, faz sentido recorrer, em termos pedagógicos, a produtos que utilizam outros suportes para além do papel: filmes, vídeos, discos, fotografias, meios informáticos[15]. Vivemos a era da imagem e, sem correr o risco de transformar a aula num puro *show mediático,* é preciso aceitar que o mundo mudou e que os estudantes têm hoje apetências e aptidões diferentes, devendo o ensino procurar também acompanhar essa evolução. É claro que a utilização destes meios como instrumento de trabalho e como veículo de ensino é especialmente exigente quer para o docente (a quem se lançam desafios que vão além da pura competência científica, exigindo-se outras aptidões e uma enorme disponibilidade de tempo) quer para a própria Faculdade (na medida em que é preciso criar condições logísticas para que tais actividades possam ser levadas a cabo).

Para além das sugestões de leituras que permitirão a cada estudante aprofundar os temas tratados, é imprescindível também a existência de

---

[14] Sobre as dificuldades práticas que este sistema coloca e sugestões para as superar, v. MARIA JOÃO ESTORNINHO, *Contratos da Administração Pública. Esboço de Autonomização Curricular,* cit., pp. 89 e 90.

[15] Para referências acerca de novas experiências pedagógicas, com recurso a meios informáticos, v. ELLEN SCHLÜCHTER/JOERG KRÜGER, *Zur (fälligen) Reform der Juristenausbildung,* in JURA, 1998, pp.1 e ss., max. pp. 4 e ss.., onde descreve, por exemplo, a utilização da Internet no âmbito do «trabalho individual do aluno, orientado e controlado» («geführten und Kontrollierten Selbststudiums») – note-se como esta expressão pressupõe, de algum modo, a lógica da *pedagogia por objectivos,* na qual o estudante é convidado a desenvolver trabalho individual de pesquisa e de aplicação de conhecimentos, sendo acompanhado e controlado pelo docente.

sugestões de trabalhos *práticos* a realizar em relação a cada um desses temas, com vista à aplicação dos conhecimentos que vão sendo adquiridos e à descoberta de novas questões. Tais trabalhos revestem-se de natureza muito diversificada: na terceira parte deste Relatório propõem-se, por exemplo, algumas actividades de carácter quase *lúdico*, através das quais se pretende familiarizar os estudantes com a realidade da *Organização Administrativa da Saúde* (visitas a *sites* de diversas entidades, realização de inquéritos ou sondagens, comentários de filmes ou documentários); por outro lado, e em atenção às próprias técnicas de trabalho intelectual e de investigação, propõe-se a realização de *fichas de leitura* e de *fichas de jurisprudência* ou a realização, por escrito, de temas de desenvolvimento; fundamental, nesta cadeira, é o conhecimento da legislação relativa à orgânica das diversas entidades do sector da saúde, interessando também conhecer a realidade de diversos países comunitários; para além do debate sobre temas complexos, seria também interessante realizar uma simulação sobre um *caso real* (analisando, por exemplo, o percurso histórico, em termos de estrutura orgânica e de natureza jurídica, de determinada entidade, a propósito de uma sua eventual reestruturação).

Torna-se imprescindível que, em cada cadeira, exista, da responsabilidade do respectivo regente[16], um plano integrado que harmonize as três dimensões referidas: sumários das aulas teóricas, sugestões de leituras e sugestões de exercícios que, a par e passo, para cada ponto da matéria sejam úteis para aplicar os conhecimentos adquiridos ou para progredir na aprendizagem. Esta metodologia pressupõe um verdadeiro trabalho de equipa, exigindo harmonia e esforço aturado de planificação e coordenação de actividades.

Na terceira parte deste Relatório será precisamente apresentado esse plano de conjunto para a cadeira de *Organização Administrativa da Saúde*.

---

[16] V. MARIA JOÃO ESTORNINHO, *Contratos da Administração Pública. Esboço de Autonomização Curricular*, Almedina, Coimbra, 1999; MARIA JOÃO ESTORNINHO, *Ciência Política e Direito Constitucional (Sumários, roteiro de leituras e sugestões de trabalhos práticos)*, AAFDL, Lisboa, 2ª ed., 2006.

CONTEÚDOS

PARTE I
A Saúde na Constituição de 1976

1ª Lição: O Estado e o direito fundamental à protecção da saúde

2ª Lição: Direitos e deveres fundamentais dos utentes do Serviço Nacional de Saúde

1ª Lição

Tema: O Estado e o direito fundamental à protecção da saúde

> SUMÁRIO: **1.** O direito fundamental à protecção da saúde (Art.º 64.º CRP) e sua autonomia em face do direito à segurança social (Art.º 63.º CRP); **2.** O direito à protecção da saúde como direito de defesa e como direito a prestações positivas do Estado; **3.** A intervenção legislativa em matéria de direito à protecção da saúde; **4.** As incumbências prioritárias do Estado em matéria de direito à protecção da saúde; **5.** Implicações estruturais e organizatórias; **6.** O Serviço Nacional de Saúde. **7.** A gestão descentralizada e participada do SNS.

Tópicos

a) O direito fundamental à protecção da saúde

O direito fundamental à protecção da saúde como direito de defesa (direito a exigir a abstenção de comportamentos que possam lesar a saúde) e como direito social (direito a exigir prestações positivas do Estado).

O dever de defender e promover a saúde (v.*infra*, Lição n.º 2).

b) O Estado social regulador e as suas incumbências prioritárias em matéria de saúde

A crise do Estado Providência e a evolução para um Estado social regulador; *Estado social de regulação* (GOMES CANOTILHO) (v. *infra*, Lição n.º 3)

As tarefas prioritárias do Estado em matéria de direito à protecção da saúde, previstas no Artigo 64.º CRP, à luz do princípio do Estado social regulador:

A) Tarefas *primárias*:
– Garantir o acesso de todos os cidadãos aos cuidados médicos [Art.º 64.º, n.º 3, al. a)]
– Garantir a cobertura (racional e eficiente) de todo o país em recursos humanos e unidades de saúde [Art.º 64.º, n.º 3, al. b)]

B) Tarefas *instrumentais* (no sentido de meios de realização das obrigações anteriores):
– Garantir a existência de um serviço nacional de saúde [Art.º 64.º, n.º 2, al. a)]
– Disciplinar e fiscalizar as formas empresariais e privadas de exercício da medicina [Art.º 64.º, n.º 3, al. d)]

C) Tarefas *sectoriais*:
– Disciplinar e controlar a produção e comercialização de produtos químicos, biológicos e farmacêuticos [Art.º 64.º, n.º 3, al. e)] (ie direito à saúde como direito à segurança dos produtos e tratamentos médicos)
– Estabelecer políticas de prevenção e tratamento da toxicodependência [Art.º 64.º, n.º 3, al.f)]

D) Um objectivo programático:
– Orientar a sua acção para a socialização dos custos dos cuidados médicos e medicamentosos [Art.º 64.º, n.º 3, al. c)]

Ensaia-se aqui uma leitura do Artigo 64.º, à luz do princípio do *Estado social de regulação,* a qual permite concluir que cabe ao Estado garantir o acesso de todos os cidadãos aos cuidados médicos e assegurar uma cobertura (racional e eficiente) de todo o país em recursos humanos e unidades de saúde, tendo para isso, por um lado, a obrigação de garantir a existência de um serviço nacional de saúde e, por outro lado, o dever de disciplinar e fiscalizar as formas empresariais e privadas de exercício da medicina.

Ou seja, este entendimento tem também subjacente uma noção funcional de *serviço público de saúde*, passível de ser levado a cabo quer por entidades públicas quer por entidades privadas, assumindo o Estado o seu papel regulador em relação a todas elas (v.*infra* Lição n.º 3).

c) A imposição constitucional de existência do SNS

O direito à protecção da saúde, enquanto direito a prestações positivas do Estado, é um direito dependente, em grande medida, de uma intervenção do legislador que «o concretize (isto é, que venha a definir as concretas faculdades que integram o direito e os concretos meios postos para a respectiva satisfação) e, assim, viabilize efectiva e praticamente a possibilidade do exercício do mesmo direito» (Acórdão TC n.º 330/89).

O direito à protecção da saúde como direito *sob reserva do possível?*

Em todo o caso, pese embora o legislador seja, em matéria de direito à protecção da saúde, dotado de ampla liberdade de conformação, do Artigo 64.º resulta que a existência do Serviço Nacional de Saúde é constitucionalmente obrigatória. [v.GOMES CANOTILHO/VITAL MOREIRA, CRP anotada, cit., anotação Artigo 64.º onde afirmam que se trata de *serviço público obrigatório, de activação necessária e de existência irreversível (se bem que não insusceptível de reforma)*].

Não se vai ao ponto de entender que o legislador constituinte tenha consagrado uma verdadeira proibição de *reformatio in pejus* (neste sentido, também, JORGE MIRANDA/RUI MEDEIROS, CRP anotada, cit., anotação Artigo 64.º).

d) Princípios constitucionais sobre a gestão do SNS

Especialmente relevante do ponto de vista da *Organização Administrativa da Saúde* é o Artigo 64.º, n.º 4, nos termos do qual o SNS tem gestão *descentralizada* e *participada*. É, no entanto, muito ampla a liberdade de conformação do legislador na concretização da dimensão organizatória do direito à protecção da saúde.

Do princípio da gestão descentralizada – quer em termos funcionais, quer em termos territoriais – tem sido retirada a imposição de o SNS não estar integrado na Administração directa do Estado mas antes na indirecta (Ac.TC 34/89).

Remissão: a este propósito, v. *infra* Lições n.ᵒˢ 8 e 9, em especial, a maior autonomização do SNS em relação à Administração Central do Estado, prevista na Lei Orgânica do Ministério da Saúde.

O princípio da gestão participada impõe a existência de possibilidade de participação de associações de utentes e de associações de profissionais de saúde na gestão do SNS.

e) Fases de evolução do sistema de saúde no período de vigência da Constituição de 1976 (alguns marcos importantes):

1.º fase: 1976 a 1989

– Decreto-Lei n.º 707/74, de 7 de Dezembro (hospitais integrados na administração indirecta do Estado, como institutos públicos)
– Lei n.º 56/79, de 15 de Setembro (Lei do Serviço Nacional de Saúde: concretiza a norma constitucional, afirmando a gestão descentralizada e participada do SNS, bem assim como a sua gratuitidade)

2ª fase: 1989-2002

– A revisão constitucional de 1989 afasta o princípio da gratuitidade do SNS; qual o sentido da *tendencial gratuitidade*?
– Lei n.º 48/90, de 24 de Agosto (Lei de Bases da Saúde)
– Decreto-Lei n.º 11/93, de 15 de Setembro (Estatuto do SNS)
  Nesta fase, consagra-se a separação entre o Sistema de Saúde e o Serviço Nacional de Saúde e avança-se para a regionalização da administração dos referidos sistemas e para esquemas de *contracting out*. Introduzem-se também esquemas de articulação da prestação de cuidados de saúde, entre hospitais e centros de saúde.
– Em 1994, surge o primeiro hospital público com gestão privada – Hospital Fernando da Fonseca, na Amadora.
– Resolução do Conselho de Ministros n.º 162/2001 (cria a estrutura de missão *parcerias saúde* para preparar as parcerias público-privadas na área da saúde)

3ª fase: 2002-2005

- Decreto-Lei n.º 185/2002, de 20 de Agosto (define o regime jurídico das parcerias em saúde com gestão e financiamento privado)
- Lei n.º 27/2002, de 8 de Novembro (estabelece o regime jurídico da gestão hospitalar).

Tenha-se presente que nesta Lei:
- altera-se o sistema de financiamento, prevendo que o SNS passe a ser financiado através do pagamento dos actos e actividades efectivamente realizados;
- estabelece-se que a rede de cuidados de saúde abrange quer estabelecimentos do SNS, quer entidades que prestem serviços aos utentes do SNS com base em contratos, quer ainda profissionais liberais com quem sejam celebradas convenções com o SNS;
- abre-se a possibilidade de uma diversidade de regimes jurídicos para hospitais integrados na rede de prestação de cuidados de saúde: Hospitais SPA/Hospitais EPE/ Hospitais S.A./estabelecimentos privados com contrato.
- Dezembro de 2002: criação de hospitais S.A.
- Resolução do Conselho de Ministros n.º 15/2003 (cria a Unidade de missão *Hospitais S.A.)*
- Decreto-Lei n.º 188/2003, de 20 de Agosto (regime dos hospitais SPA, introduzindo critérios de gestão mais empresarial que promova a eficiência: fixação anual de objectivos; avaliação dos responsáveis e demais profissionais; sistemas de incentivos, com base nos ganhos de eficácia, prémios...)

4ª fase: 2005-

Decreto-Lei n.º 93/2005, de 7 de Junho (procede à transformação dos Hospitais SA em Entidades Públicas Empresariais)

(remissão para as Lições 8ª e ss. quanto às alterações mais recentes)

Sugestões bibliográficas:

GOMES CANOTILHO/VITAL MOREIRA, *Constituição da República Portuguesa Anotada*, 4ª ed., Coimbra Editora, Coimbra, 2007, anotação ao Artigo 64.º, pp. 823 e ss..

JORGE MIRANDA/RUI MEDEIROS, *Constituição Portuguesa Anotada*, Tomo I, Coimbra Editora, Coimbra, 2005, anotação ao Artigo 64.º, pp. 650 e ss..

JORGE MIRANDA, *A Administração Pública na Constituição Portuguesa*, separata da Revista da Faculdade de Direito da Universidade de Lisboa, vol.XLIII, n.º 2, Coimbra Editora, 2002.

MARCELO REBELO DE SOUSA/ANDRÉ SALGADO DE MATOS, *Direito Administrativo Geral*, Tomo I, 2ª ed., Dom Quixote, Lisboa, 2006, pp. 143 e ss. e 151 e ss..

SÉRVULO CORREIA, *Projecto de Proposta de Lei de Bases da Saúde*, in *Legislação – Cadernos de Legislação e Jurisprudência*, n.º 27, 2000.

SÉRVULO CORREIA, *As Relações Jurídicas de Prestação de Cuidados pelas Unidades de Saúde do SNS*, in *Direito da Saúde e Bioética*, AAFDL, Lisboa, 1996, pp. 12 e ss..

SÉRVULO CORREIA, *Introdução ao Direito da Saúde*, in *Direito da Saúde e Bioética, Lex*, Lisboa, 1991.

MARIA JOÃO ESTORNINHO, *A Fuga para o Direito Privado*, Almedina, Coimbra, 1996.

GOMES CANOTILHO, *Direito Constitucional e Teoria da Constituição*, 7ª ed., Almedina, Coimbra, 2003, pp. 333 e ss., max. pp. 351 e ss..

CHRISTOPH DEGENHART, *Staatsrecht I – Staatsorganisationsrecht*, 22ª ed., C.F. Müller, Heidelberg, 2006, pp. 198 e ss..

ROLF SCHMIDT, *Staatsorganisationsrecht*, 7ª ed., Grasberg, Bremen, 2007, pp. 135 e ss..

ALFRED KATZ, *Staatsrecht*, 16ª ed., C.F.Müller, Heidelberg, 2005, pp. 110 e ss..

Sugestões de trabalhos:

1. A saúde nas Constituições portuguesas anteriores... V., em especial, Artigos 223.º, n.º 4 e 240.º da Constituição de 1822, Artigo

145.º §29 da Carta Constitucional, Artigo 28.º, n.º 3 da Constituição de 1838, Artigo 3.º, n.º 29 da Constituição de 1911 e Artigos 6.º, n.º 4 (Rev. Const. de 1951), 15.º e 40.º da Constituição de 1933.
2. Analisar as alterações ao Artigo 64.º da Constituição de 1976, em sede de revisões constitucionais: 1982 (acrescentou o n.º 4), 1989 [alterou o n.º 2 e o n.º 3 c)] e 1997 [modificou o n.º 2 b), n.º 3 b), d) e e) e aditou a alínea f) do n.º 3].
3. A saúde nos textos de Direito Internacional... V., em especial, Artigo 25.º DHDH, Artigo 12.º PIDESC, Artigos 11.º e 13.º CSE e Artigo 35.º CDFUE.
4. Debate sobre as obrigações do Estado em matéria de saúde, à luz da Constituição de 1976.
5. A imposição constitucional de existência de um serviço nacional de saúde, permite defender que, se o SNS não estiver *de jure* ou *de facto* em condições de assegurar, em prazo razoável, cuidados de saúde básicos, o utente (privado de alternativa, por insuficiência de meios) poderá exigir comparticipação estatal a fim de poder lançar mão de soluções alternativas? (em sentido afirmativo, v. JORGE MIRANDA/RUI MEDEIROS, CRP anotada, cit., anotação Artigo 64.º)
6. Elaboração de fichas de jurisprudência de Acórdãos do Tribunal Constitucional relativos a questões de saúde.
7. Levantamento de casos de persistência de regimes de protecção especiais e aprofundamento do tema das fronteiras entre o sistema de segurança social e o sistema de saúde.
8. À luz do carácter *nacional* do SNS (que parece implicar uma estrutura organizatória unificada) apreciar da admissibilidade de serviços de saúde próprios das regiões autónomas.

2ª Lição

Tema: Direitos e deveres fundamentais dos utentes do Serviço Nacional de Saúde

SUMÁRIO: **1.** O direito à protecção da saúde e o princípio da dignidade da pessoa humana; **2.** O direito à protecção da saúde e outros direitos fundamentais (direito à vida, direito à integridade pessoal, liberdade religiosa); **3.** O dever de defender e promover a saúde. **4.** O princípio da igualdade e a universalidade e a generalidade do Serviço Nacional de Saúde; **5.** A tendencial gratuitidade do Serviço Nacional de Saúde. **6.** A relação jurídica de prestação de cuidados pelo SNS. **7.** Direitos dos utentes de serviços públicos de saúde.

Tópicos

a) O princípio da dignidade da pessoa humana e os direitos e os deveres em matéria de saúde

O dever de defender e promover a saúde (Artigo 64.º, n.º 1) implica:
– a existência de obrigações e proibições legais impostas em nome da defesa da *saúde pública* (vacinação obrigatória, proibição de fumar, tratamento e/ou internamento compulsivo em caso de doença contagiosa...);
– os correspondentes deveres das unidades prestadoras de cuidados de saúde e das autoridades sanitárias;
– a susceptibilidade de imposição de obrigações sanitárias (ex. rastreio obrigatório de determinadas doenças) em nome da defesa de

outros interesses que não os da saúde pública, como sejam razões de *segurança* (ex. rastreio de doenças cardiovasculares no caso de pilotos ou de condutores de transportes públicos);

Questão muito interessante, nesta matéria, é a de saber se existe de um dever (jurídico) de cuidar da saúde própria? E, em última instância, se existe a susceptibilidade de imposição de sanções (max. exclusão do serviço público de saúde) por incumprimento do referido dever?

Lembre-se que o Acórdão do Tribunal Constitucional n.º 368/02 reconhece que o dever de defender e promover a saúde visa acautelar sobretudo a saúde pública mas não considerou inconstitucional a obrigatoriedade de sujeição a exame médico de determinados trabalhadores, fim de garantir que a prestação do trabalho lhes não pudesse ser prejudicial.

A questão da imposição da realização de exames ou análises ou da submissão a terapêuticas obrigatórias, obriga a ponderar eventuais situações de conflito em face da liberdade individual, da intimidade da vida privada ou, entre outros, da liberdade religiosa, pelo que não pode ser apreciada sem chamar à colação a questão dos limites constitucionais às restrições de direitos, liberdades e garantias.

b) Direitos dos utentes de serviços de saúde e direitos dos doentes

Elenco de alguns dos principais direitos dos utentes de serviços públicos de saúde:

Direito de acesso
Liberdade de escolha (?)
Direito a acompanhamento
Direito à autonomia e ao consentimento informado
Direito à privacidade no que respeita ao estado de saúde
Direito ao tratamento em prazo razoável
Direito de participação
Direito de queixa

Recorde-se que o princípio da sujeição das entidades públicas, em muitos casos, a uma lógica de concorrência (vd., *empresarialização* de hospitais públicos) coloca uma série de dificuldades, nomeadamente a de saber a que corresponde, hoje, esse universo nebuloso das *entidades públicas* e a de saber como conciliar o respeito pelos direitos dos cidadãos (e por princípios tais como o da prossecução do interesse público, o da legalidade ou o da imparcialidade), com a lógica e as regras da concorrência.

Há que reconhecer que a coabitação entre, por um lado, a figura do *serviço público* – podendo, cada vez mais ser desempenhado por entidades privadas, mas estando necessariamente ligado à prossecução do interesse público – e, por outro lado, a lógica e as regras da concorrência, constitui, sem qualquer margem para dúvidas, um dos dilemas deste *Estado Regulador* dos nossos dias. É que se trata de conciliar aquilo que, à primeira vista, parece (ou parecia, até há pouco tempo) ser inconciliável...

c) As tradicionais *relações especiais de poder* no âmbito da saúde

Não é admissível, nos nossos dias, conceber a relação jurídica que se estabelece entre o paciente e o estabelecimento público de saúde como uma *relação especial de poder*, em nome da qual seriam justificadas limitações aos seus direitos fundamentais (max. no caso de doentes internados).

É importante afirmar que o doente mantém, mesmo na situação de internamento, os seus direitos fundamentais, sejam o direito à vida ou à integridade física, sejam a liberdade religiosa ou o direito ao respeito pela sua dignidade como pessoa humana.

É indispensável apelar ao princípio da proporcionalidade para apreciar situações nas quais seja necessário compatibilizar a efectiva garantia do direito à protecção da saúde com o respeito pelos demais direitos fundamentais do doente e chamar à colação os limites constitucionais às restrições de direitos, liberdades e garantias.

d) A igualdade perante os estabelecimentos de serviço público de saúde

A igualdade em face dos estabelecimentos de serviço público de saúde desdobra-se em três dimensões: igualdade no acesso aos serviços; igualdade perante a qualidade do serviço prestado; igualdade perante as tarifas cobradas (?).

Admissibilidade de discriminações positivas?

Necessidade de chamar à colação o Artigo 13.º CRP e o regime da vinculação das entidades públicas e privadas ao respeito pelo princípio da igualdade, lembrando o caso das entidades públicas empresarializadas e, por outro lado, das entidades privadas que prestam actividade de serviço público de saúde.

Sugestões bibliográficas:

Gomes Canotilho/Vital Moreira, *Constituição da República Portuguesa Anotada*, 4ªed., Coimbra Editora, Coimbra, 2007, anotação ao Artigo 64.º, pp. 823 e ss..

Jorge Miranda/Rui Medeiros, *Constituição Portuguesa Anotada*, Tomo I, Coimbra Editora, Coimbra, 2005, anotação ao Artigo 64.º, pp. 650 e ss..

Jorge Miranda, *Ética Médica e Constituição*, in *Escritos Vários sobre Direitos Fundamentais*, Principia, 2006, pp. 275 e ss..

Vieira de Andrade, *Os Direitos Fundamentais na Constituição Portuguesa de 1976*, 3ª ed., Almedina, Coimbra, 2006, pp. 283 e ss. e 385 e ss..

Vieira de Andrade, *O Internamento Compulsivo de Portadores de Anomalia Psíquica na Perspectiva dos Direitos Fundamentais*, in *A Lei de Saúde Mental e o Internamento Compulsivo*, Centro de Direito Biomédico, FDUC, Coimbra, 2000.

Sérvulo Correia, *As Relações Jurídicas de Prestação de Cuidados pelas Unidades de Saúde do SNS*, in *Direito da Saúde e Bioética*, AAFDL, Lisboa, 1996.

Paula Ribeiro de Faria, *A «Lei do Sangue» – ou o conflito entre o respeito pela autonomia da pessoa e a defesa da vida e da integridade física*, in *Direito e Justiça*, 1998-I.

Carla Amado Gomes, *Defesa da Saúde Pública vs Liberdade Individual – casos da vida de um médico de saúde pública*, Lisboa, 1999.

Herman Nys, *Patients' Rights in a European Healthcare Market*, in *Eurohealth*, public. do *European Observatory on Health Care Systems and Policies*, vol. 8, n.º 1, 2002, pp. 10 e ss..

Andrés Domínguez Luelmo, *Derecho Sanitario y responsabilidad médica. Comentarios a la Ley 41/2002, de 14 de Noviembre, sobre Derechos del Paciente, Información y Documentación Clínica*, Lex Nova, Valladolid, 2003.

Javier Sánchez-Caro, *El Consentimiento Previo a la Intervención y la Protección de los Incapaces*, in Romeo Casabona (Ed.), *El Convenio*

de Derechos Humanos y Biomedicina. Su Entrada en Vigor en el ordenamiento Jurídico Español, Comares, Granada, 2002.
WILFRIED BERG, *Grundriss des Staatsorganisationsrechts und der Grundrechte*, 4ªed., Booberg Verlag, Stuttgart, 2004, pp. 153 e ss..
ALFRED KATZ, *Staatsrecht,* 16ª ed., C.F. Müller, Heidelberg, 2005, p. 319 e 320.
REIS NOVAIS, *As Restrições aos Directos Fundamentais não Expressamente Autorizadas pela Constituição,* Coimbra Editora, Coimbra, 2003, pp. 510 e ss..
REIS NOVAIS, *Os Princípios Constitucionais Estruturantes da República Portuguesa*, Coimbra Editora, Coimbra, 2004, pp. 291 e ss..
JÖRN IPSEN, *Staatsrecht I, Staatsorganisationsrecht,* 18ª ed., Luchterhand, 2006, pp. 255 e ss..

Sugestões de trabalhos:

1. Ao tomar posse, em 2004, o Presidente da Entidade Reguladora da Saúde (ERS) referiu a existência de uma *Plataforma de ética na saúde*, baseada em três princípios: equidade no acesso, solidariedade no financiamento e eficiência (combate ao desperdício). Debate em torno da conformidade de tais princípios com os princípios constitucionais da universalidade e da tendencial gratuitidade do SNS.
2. Da *gratuitidade* à *tendencial gratuitidade* do SNS (da versão inicial da CRP à revisão constitucional de 1989): análise do Decreto-Lei n.º 173/2003, de 1 de Agosto (regime das taxas moderadoras), à luz do critério constitucional da *capacidade económica e social do utente;*
3. Da admissibilidade do *Opting out*: podem os particulares voluntariamente colocar-se fora do SNS? O acesso ao SNS como um *direito* e não como uma *obrigação*.
4. Dissertação acerca das condições de acesso de cidadãos estrangeiros ao SNS, à luz do princípio da universalidade e do Artigo 15.º, n.º 1, da Constituição.
5. Debate sobre a questão do financiamento do SNS e a viabilidade de um (anunciado) novo imposto para a saúde.

6. Elaboração de fichas de jurisprudência de Acórdãos do Tribunal Constitucional relativos a questões de saúde. Entre outros, sugerem-se: Acórdão n.º 92/85 (taxas moderadoras), Acórdão n.º 330//89 (serviço nacional de saúde – taxas moderadoras) e Acórdão n.º 368/02 (higiene, segurança e saúde no trabalho/exames médicos).
7. Identificação de situações de possível exercício do direito à objecção de consciência dos profissionais da saúde.

PARTE II
A Saúde no contexto de uma *Europa reguladora*

3ª Lição: A falência dos sistemas públicos de saúde europeus e a emergência de uma noção funcional de serviço público de saúde

4ª Lição: Integração europeia e saúde

5ª Lição: A reforma dos sistemas europeus de saúde

6ª Lição: (cont.)

7ª Lição: Estudo de alguns sistemas de saúde (conteúdo variável).

8ª Lição: (cont.)

3ª Lição

Tema: **A falência dos sistemas públicos de saúde europeus e a emergência de uma noção funcional de serviço público de saúde**

Sumário: **1.** A organização administrativa da saúde do Estado Liberal aos nossos dias; **2.** Do modelo *Bismarckiano* ao modelo *Beveridgiano*; **3.** A falência dos sistemas públicos de saúde; **4.** A emergência de uma noção funcional de serviço público de saúde; **5.** As obrigações de serviço público; **6.** Função administrativa e saúde: tarefas de polícia, actividade prestadora, tarefas de regulação e de administração infraestrutural.

Tópicos

a) A emergência de uma noção funcional de serviço público

De há muito que os tradicionais quadros dogmáticos, correspondentes à Administração Pública típica do modelo de Estado Providência, foram completamente ultrapassados! Do ponto de vista das *entidades públicas*, há dois movimentos de sentido contrário que é necessário tomar em consideração, para efeitos de redefinição das fronteiras tradicionais do *universo público*: por um lado, os fenómenos de *privatização* da Administração Pública, os quais não obstam a que as referidas entidades continuem, em muitos casos, a pertencer ao universo público; por outro lado, a emergência de uma *noção funcional* de serviço público.

Em grande parte por influência do Direito Comunitário[1], surge uma nova concepção de *serviço público*, responsável pela publicização da actividade levada a cabo por determinadas entidades privadas. Estas novas opções pressupõem o abandono da concepção clássica de serviço público *à francesa*, o qual, sendo assumido, em termos de organização e funcionamento, como tarefa pública, era, quando muito, transferido, em termos de exploração, mediante esquemas de concessão, para entidades privadas, mantendo-se, no entanto, a titularidade do serviço nas mãos da entidade pública. Emerge, nos últimos tempos, uma concepção funcional de serviço público, passível de ser prestado, em concorrência, indiferenciadamente por entidades públicas, por entidades privadas ou ainda por entidades público-privadas.

Ora, no novo contexto comunitário e nacional, de privatizações e abertura à concorrência, o processo de liberalização – em sectores como telecomunicações, electricidade, gás, transportes ferroviários ou serviços postais – tem tido lugar pressupondo, antes de mais, uma *despublicatio*, que devolve ao mercado esses serviços. Por outro lado, estes processos, como é sabido, têm vindo a assentar num desfasamento entre a infra-estrutura e a actividade de prestação do serviço em si mesmo. Permitindo o progresso tecnológico a concorrência na rede, assistiu-se, nos últimos anos, em diversos sectores, à separação entre a rede e os serviços, continuando a caber ao Estado o dever de garantir a existência, a manutenção e a conservação das redes, mas deixando de ter o dever de assegurar os serviços, os quais foram liberalizados. Diversificam-se os esquemas de colaboração entre entidades públicas e privadas, nestes sectores, quer através da pura e simples criação de entidades de capitais mistos, quer através de outras formas de parcerias público-privadas (as quais, pressupondo a colaboração de várias entidades – entidade pública, promotores, financiadores – envolvem esquemas de financiamento complexos). Finalmente, de acordo com esta nova lógica, o próprio acto de reconhecimento da actividade por parte dos operadores privados deixa de ser visto como uma concessão e passa a ser encarado como um acto declarativo. Na verdade, já não se trata de admitir tais operadores a fazer parte do mundo

---

[1] Para últimos desenvolvimentos nesta matéria, no Direito Comunitário, v. Comunicação da Comissão de 26 de Abril de 2006: *Social services of general interest in the European Union* [COM(2006)177 final] e, especificamente para os serviços de saúde v. COM(2006)122.

dos poderes públicos mas sim, pelo contrário, há o reconhecimento do carácter de serviço público da actividade por eles desenvolvida.

c) As obrigações de serviço público

Bem ao gosto da nova visão de uma Administração Pública essencialmente *garante e de fomento*, tem-se vindo a entender que mesmo as actividades de interesse público consideradas *prioritárias*, podem ser realizadas indistintamente por entidades públicas ou privadas, em regime de concorrência, e através da imposição de *obrigações de serviço público*, assumindo o Estado preferencialmente as tarefas de *incentivo, apoio, regulação* e *fiscalização* relativamente a tais actividades. É o caso, por exemplo, do ensino e da saúde (a este propósito, tenha-se presente a distinção entre *serviços de interesse geral e serviços sociais de interesse geral).*

Também o ensino constitui, por excelência, exemplo de uma daquelas áreas nas quais, ao longo dos tempos e de formas sempre renovadas, se tem assistido a fenómenos de colaboração entre o público e o privado. Ultrapassadas parecem estar as fronteiras tradicionais entre o *ensino público* e o *ensino privado*, caminhando-se antes, cada vez mais, no sentido de conceber as tarefas de ensino como actividade de *serviço público*, susceptível de ser prestada indistintamente por entidades públicas e privadas. Este novo conceito de *serviço público* tem obrigado a repensar questões como a da natureza jurídica da actividade de ensino desenvolvida pelos estabelecimentos particulares de ensino ou a das relações que se estabelecem entre o Estado e esses mesmos estabelecimentos.

Assim, com esta noção funcional de serviço público, o Direito Administrativo atravessa definitivamente as suas fronteiras tradicionais e passa a aplicar-se indistintamente a todos quantos desempenhem determinadas tarefas ou operem em certos sectores de actividade.

Tenha-se também presente o que se passa hoje, em Portugal, no caso da legislação relativa à gestão hospitalar, no âmbito do *serviço público de saúde*.

Tenta-se, hoje, conciliar dois modelos tradicionalmente diferentes: o do *service public,* de inspiração francesa e o da *public utility regulation* de origem anglo-saxónica.

Obrigações dos prestadores de actividades de serviço público (*Public Service Obligations, PSOs*) traduzem-se, entre outras, na garantia de:
– universalidade (*acessibilidade e disponibilidade universal*)

- igualdade
- preço acessível (*affordability*)
- continuidade
- adaptabilidade
- qualidade e segurança
- livre concorrência
- participação de organizações representativas de utentes
- transparência
- resolução alternativa de conflitos

d) Tarefas de regulação

Com a crise do Estado Providência e a emergência de um Estado que se assume essencialmente como *regulador*, reduzindo as suas tarefas de prestação de bens e serviços, privatizando as empresas públicas e liberalizando sectores antes sujeitos a monopólios e a regimes de exclusivo, tem-se vindo a afirmar que, para além de se assumir, nas suas tarefas de regulação, como garante da concorrência, o Estado deve, por outro lado, ficar ele próprio (e as demais entidades públicas) sujeito à lógica de mercado e às regras de concorrência, na medida em que participe directamente na vida económica.

Importa ter presente a distinção entre regulação económica (a qual diz respeito à actividade, aos mercados, aos preços, à natureza e à qualidade dos produtos) e, por outro lado, regulação social (a qual visa acautelar a protecção de direitos sociais de cidadãos).

e) *New Public Management*

Estas novas tendências têm obviamente implicações para a definição das tarefas concretas do Estado e para as formas de organização e de actuação a adoptar pela Administração Pública.

O *New Public Management* (NPM) ou *Neues Steuerungsmodell* (NSM) como novo paradigma da gestão pública, baseado nos seguintes princípios:
- serviços públicos centrados no cidadão
- introdução da lógica da concorrência
- separação entre estado-financiador e estado-prestador (v. *agências de contratualização dos serviços de saúde*)

– avaliação com base em indicadores de desempenho (distinguindo-
-se avaliação interna e externa e, por outro lado, avaliação de
resultados e avaliação de processos)

Pretende-se racionalizar despesas, flexibilizar a gestão, aumentar a capacidade de inovação, acentuar a responsabilidade dos serviços perante os destinatários e aperfeiçoar a responsabilidade (accountability) dos gestores.

Sugestões bibliográficas:

FAUSTO DE QUADROS, *Serviço Público e Direito Comunitário*, in *Os Caminhos da Privatização da Administração Pública*, FDUC, Coimbra, 2000.

MARIA JOÃO ESTORNINHO, *Natureza jurídica da actividade desenvolvida pelos estabelecimentos particulares de ensino, à luz de uma concepção funcional de serviço público de educação*, in *Estudos Jurídicos e Económicos em Homenagem ao Prof. Doutor António de Sousa Franco, Vol.III,* Coimbra Editora, Coimbra, 2006, pp. 87 e ss..

GOMES CANOTILHO, *Direito Constitucional e Teoria da Constituição*, 7ª ed., Almedina, Coimbra, 2003, pp. 333 e ss., max. pp. 351 e ss..

BULL/MEHDE, *Allgemeines Verwaltungsrecht mit Verwaltungslehre*, 7ª ed., C.F. Müller, Heidelberg, 2005, pp. 510 e ss. (cap. 6 – *Verwaltung im Wandlung*).

SANTAMARÍA PASTOR, *La Administración como Poder Regulador*, in SAINZ MORENO (coord.) e outros, *Estudios para la Reforma de la Administración Pública*, INAP, Madrid, 2004, pp. 375 e ss..

GÉRARD TIMSIT, *La Notion et le Phénomène*, in *La Régulation. Nouveaux Modes? Nouveaux Territoires?*, in *Revue Française d'Administration Publique*, ENA, n.º 109, 2004, pp. 5 e ss..

NICOLA AICARDI, *La Sanità*, in *Diritto Amministrativo Speciale*, Tomo I, in *Trattato di Diritto Amministrativo*, org. SABINO CASSESE, Giuffrè, Milão, 2000, pp. 377 e ss..

RAINER PITSCHAS, *Strukturen des europäischen Verwaltungsrechts – Das Kooperative Social– und Gesundheitsrecht der Gemeinschaft*, in SCHMIDT-ASSMANN/HOFFMANN-RIEM (coord.), *Strukturen des Europäischen Verwaltungsrechts*, Nomos, Baden-Baden, 1999, pp. 10 e ss..

GUY BRAIBANT/BERNARD STIRN, *Europe et Service Public*, in *Le Droit Admnistratif Français*, Dalloz, 6ª ed., 2002, pp.185 e ss..

SENDÍN GARCÍA, Miguel Ángel, *Hacia un servicio público europeu. El nuevo derecho de los servicios públicos*, Comares, Granada, 2003.

SIEGFRIED BROSS, *Daseinsvorsorge – Wettbewerb– Gemeinschaftsrecht*, in *Juristen Zeitung*, 2003, pp. 874 e ss..

BULLINGER, *Französischer service public und deutsche Daseinsvorsorge*, in *Juristen Zeitung*, 2003, pp. 597 e ss..

DUPUIS/GUÉDON/CHRÉTIEN, *Les Services Publics ayant une Finalité de Protection Sociale et Sanitaire*, in *Droit Administratif*, 9ª ed., Ed. Colin, Paris, 2004, pp. 513 e ss..

MARTINE LOMBARD/GILLES DUMONT, *Droit Administratif*, Dalloz, Paris, 2003, pp. 253 e ss.. (cap. Sobre *Les Services Publics*).

MARIE-CHRISTINE ROUAULT, *Droit Administratif*, Ed. Gualino, Paris, 2005, pp. 375 e ss. (cap. *Le Service Public*).

DEBBASCH/COLIN, *Droit Administratif*, 7ª ed., Económica, Paris, 2004, pp. 348 e ss..

SEILLER, *L'Érosion de la Distinction SPA-SPIC*, in AJDA, 2005, pp. 417 e ss..

RODRIGO GOUVEIA, *Os serviços de interesse geral em Portugal, Direito Público e regulação Económica*, 2, Coimbra Editora, Coimbra, 2001.

Sugestões de trabalhos:

1. Levantamento de dados históricos sobre a prestação de cuidados de saúde ao longo dos tempos (nomeadamente, sobre o tradicional papel dos particulares e da Igreja Católica na área da saúde, em Portugal).
2. Investigação acerca das origens do modelo *Bismarkiano* e do modelo *Beverigiano* de assistência sanitária. Comparação entre ambos.
3. Debate em torno do papel do *Estado regulador* e das teorias do *New Public Management*. V., por exemplo, DOUGLAS LEWIS, *Law and Governance*, Cavendish, London, 2001, max. pp.47 e ss..
4. A crise dos sistemas públicos de saúde: implicações do Pacto de Estabilidade e Crescimento da União Europeia (v. *Resolução*

sobre o pacto de Estabilidade e Crescimento, em JO C236 de 2.8.1997) na reforma dos sistemas de saúde.
5. Resolução de casos práticos, em torno da questão das *obrigações de serviço público*.

4ª Lição

Tema: Integração europeia e saúde

SUMÁRIO: **1.** Política social europeia e saúde; **2.** Administração comunitária e administrações nacionais: articulação em matéria de saúde; **3.** A *europeização da organização administrativa* (SCHWARZE): as implicações organizatórias internas do Direito Comunitário em matéria de saúde (vg. extinção e transformação de entidades); **4.** As Directivas europeias sobre serviços públicos. **5.** As Directivas europeias em matéria de saúde. **6.** Os programas de acção comunitária em matéria de saúde.

Tópicos

a) A *europeização da organização administrativa*

São várias razões para que, num estudo sobre Organização Administrativa, se tenha necessariamente que estudar a *organização administrativa comunitária*[2]:
- o facto de a Administração comunitária exercer importantes tarefas administrativas em relação aos nacionais de todos os Estados membros, sendo parte da sua ordem jurídico-administrativa;

---

[2] Elenco de razões apontadas por VITAL MOREIRA em *Organização Administrativa (Programa, Conteúdos e Métodos de Ensino)*, Coimbra, 2001, pp. 43 e 44. V. também, *supra*, as razões apontadas na Introdução, a propósito da evolução recente do Direito Administrativo e das transformações sofridas pela Administração Pública.

– o facto de as administrações nacionais estarem encarregadas da aplicação das normas comunitárias (Administração comunitária indirecta);
– o facto de, cada vez mais, a legislação comunitária prever a criação de determinadas estruturas administrativas nos Estados membros, influenciando a organização administrativa estadual;
– o facto de, em certos casos, organismos administrativos nacionais funcionarem como organismos periféricos da Administração comunitária (ex. Bancos Centrais);
– o facto de o processo de integração jurídico-administrativa dos países comunitários estar a provocar uma progressiva influência dos modelos de organização administrativa comunitária sobre as estruturas administrativas dos países da União, bem como uma crescente convergência de sistemas organizatórios de origem diversa[3].

b) A União Europeia e a saúde

O modelo social europeu assenta na ideia de que a liberalização de determinados sectores não poderia, pura e simplesmente, significar o abandono da lógica do serviço público (por exemplo, no que toca à garantia da existência e continuidade de determinadas prestações, a garantia da universalidade e igualdade no acesso a tais prestações ou à existência de preços sociais).

Importa ter presentes: Artigo 35.º CDFUE (e Convenção Europeia de Assistência Social e Médica, aprovada pelo Decreto-Lei n.º 182/77, de 31 de Dezembro); Artigo II-95 CDFUE (considerando o direito de acesso à prevenção em matéria de saúde e de beneficiar de cuidados médicos como um direito de solidariedade, exigindo-se um *elevado nível de*

---

[3] A este propósito, MARIO CHITI chama a atenção para o facto de, em geral, no Direito Administrativo Europeu, até aos anos 80 prevalecerem os princípios de formação jurisprudencial, só posteriormente tendo vindo o amplo pacote de actos normativos destinados à realização do mercado único estabelecer uma vasta disciplina tanto da organização como da actividade da Administração. V. MARIO CHITI, *Diritto Amministrativo Europeo*, Giuffrè, Milano, 1999, p. 111.

Sobre a reforma da Organização Administrativa da União Europeia, v. GERNOT SYDOW, *Externalisierung und Institutionelle Ausdifferenzierung. Kritik der Organisationsreformen in der EU – Eigenadministration*, in *Verwaltungs-Archiv*, 1, 2006, pp. 1 e ss..

protecção da saúde humana por parte da União Europeia e dos Estados--membros); Artigo 152.º do Tratado (direito dos cidadãos europeus à protecção da saúde) e, se o direito de acesso a serviços de saúde não está contemplado expressamente no referido Tratado, é preciso lembrar os Artigos 28.º e 49.º que asseguram a liberdade de circulação para outros Estados-membros a fim de procurar bens e serviços de saúde.

Lembrar os casos KOHLL e DECKER de 1998, nos quais o TJ reconheceu a obrigação do Estado de origem de reembolsar despesas de saúde realizadas noutro Estado, sob pena de violação da liberdade de circulação/prestação de bens e serviços.

É pertinente colocar a questão de saber como conciliar a liberdade de circulação de bens e a liberdade de prestação de serviços com o princípio da subsidiariedade e o princípio da territorialidade das prestações de assistência social.

c) A *Estratégia da União em Matéria de Saúde* e alguns programas de acção comunitária no domínio da saúde

Na sequência do debate lançado pela Comissão, em 1998, sobre a evolução da política em matéria de saúde pública, invocando-se o aparecimento de novos desafios e prioridades no domínio da saúde e também o reforço das obrigações da Comunidade na sequência de alterações ao Tratado (Artigos 3.º e 152.º), foi adoptada uma nova *Estratégia da União em Matéria de Saúde* [v. COM(2000) 285 final, Comunicação da Comissão, de 16 de Maio de 2000, ao Conselho, ao Parlamento Europeu, ao Comité Económico e Social e ao Comité das Regiões sobre a estratégia da Comunidade Europeia em matéria de saúde].

Esta Estratégia envolveu a adopção de um novo quadro de acção no domínio da saúde pública e a adopção de uma nova lógica de integração horizontal da protecção da saúde em todas as políticas da Comunidade, em especial, mercado único, protecção dos consumidores, protecção social, emprego e ambiente (reconhecendo-se que a protecção da saúde diz respeito a todos os domínios fundamentais da actividade comunitária).

Refira-se que se previa a criação de um *Fórum Europeu da Saúde* (mecanismo destinado a permitir que o conjunto dos agentes na área da saúde pudesse desempenhar papel na definição da política de saúde).

O *Programa de acção comunitária no domínio da saúde pública (2003-2008)*, aprovado pela Decisão 1786/2002/CE do Parlamento Europeu e do Conselho, de 23 de Setembro de 2002 (in JO L271 de 9.10.2002), é um programa global que veio substituir vários programas específicos (promoção da saúde; SIDA; toxicodependência, doenças raras; prevenção de ferimentos, etc.) e é elemento fundamental da *Estratégia da União em Matéria de Saúde*.

O referido Programa pretende contribuir para a realização de um nível mais elevado de protecção da saúde na Europa. Propõe-se: a) melhorar a informação e os conhecimentos necessários à promoção da saúde pública e à melhoria dos sistemas de saúde; b) aumentar a capacidade de reagir de forma rápida e coordenada às ameaças à saúde, c) promover a saúde numa lógica de prevenção.

Propõe ainda a criação de um sistema global de recolha, análise e avaliação da informação (recolhida junto do público, dos profissionais de saúde e das autoridades competentes) e também a interligação de mecanismos de vigilância, alerta e resposta.

Decisão da Comissão, de 15 de Dezembro de 2004, instituiu uma agência para a execução do programa (*Agência de Execução do Programa de Saúde Pública)*, em execução do Regulamento (CE) n.º 58/2003 do Conselho (v. JO L369 de 16.12.2004).

Atendendo ao *princípio da subsidiariedade* e às restrições da Comunidade em matéria de saúde, a execução do programa depende do papel desempenhado pelos Estados-membros[4].

d) O *Programa de acção comunitária no domínio da saúde e da defesa do consumidor (2007-2013)*

Mais recentemente, o *Programa de acção comunitária no domínio da saúde e da defesa do consumidor (2007-2013)*, constante de uma proposta de Decisão do Parlamento Europeu e do Conselho [COM(2005)115 final], assume como um dos seus objectivos, a *obtenção de sinergias entre os sistemas nacionais de saúde* (nomeadamente facilitando a prestação de cuidados de saúde transfronteiriços).

---

[4] Sobre a questão da cooperação no processo de integração europeia, a propósito do exemplo da saúde, v. RAINER PITSCHAS, *Strukturen des europäischen Verwaltungsrechts – Das Kooperative Social– und Gesundheitsrecht der Gemeinschaft*, in SCHMIDT-ASSMANN/ HOFFMANN-RIEM (coord.), *Strukturen des Europäischen Verwaltungsrechts*, Nomos, Baden-Baden, 1999, pp. 10 e ss..

Na verdade, os objectivos do Programa, em matéria de saúde, são: a) proteger os cidadãos contra ameaças para a saúde; b) promover políticas que promovam modos de vida mais saudáveis; c) contribuir para a diminuição da incidência das principais doenças; d) melhorar a eficácia e eficiência dos sistemas de saúde.

Assim, *alcançar sinergias entre os sistemas nacionais de saúde* é assumido como uma das vertentes de acção do programa, a acrescer (com mais algumas) ao leque que resultava do programa anterior).

Prevê-se que, na execução do programa, a Comissão seja assistida por um Comité específico para esse efeito.

e) *Saúde electrónica (e-health)*

Ter presente o papel das novas técnicas de informação como meio de fomentar a interligação/a compatibilidade entre os sistemas de saúde europeus[5].

A Comunicação da Comissão ao Conselho, ao Parlamento Europeu, ao Comité Económico e Social e ao Comité das Regiões, de 30 de Abril de 2004: *Saúde em linha – melhorar os cuidados de saúde para os cidadãos europeus: Plano de acção para um espaço europeu da saúde em linha* [COM (2004) 356 final].

Integrado no plano de acção *e-Europe*, o plano *Saúde em linha* pretende optimizar as vantagens da sociedade da informação, no que diz respeito a um espaço europeu de saúde (em linha).

Propõe-se enfrentar desafios comuns e sugere: a) interoperabilidade dos sistemas de informação médica (salienta-se a necessidade de transparência na identificação do doente e na transmissão de informação médica; propõe-se a *normalização* do tipo de registos e invoca-se avanços na área do *cartão europeu de seguro de saúde,* o qual foi lançado em 2004 e permite substituir os tradicionais formulários em caso de cuidados médicos em estadias de curta duração no estrangeiro); b) favorecer a mobilidade dos doentes e dos profissionais de saúde; c) modernização das infra-estruturas e tecnologias para aplicação de redes de informação médica na *saúde em linha;* d) uniformização dos sistemas de saúde em

---

[5] *Promoting E-health in Europe. Challenges and Opportunities*, in *Eurohealth*, public. do *European Observatory on Health Care Systems and Policies,* vol. 8, n.º 1, 2002, pp. 1 e ss..

linha (sistema de acreditação de modelos); e) promoção do investimento necessário para executar este plano.

Acções-piloto: prevê que, até 2008, a maioria das organizações de saúde europeias esteja apta a prestar serviços em linha (teleconsulta, receitas electrónicas, orientação de doentes para serviços especializados, telemonitorização e telecuidados, nomeadamente acompanhamento domiciliário de doentes à distância).

f) Entidades reguladoras

Ter presentes as entidades que desempenham as novas tarefas de regulação; a regulação ao nível europeu e as entidades reguladoras nos Estados membros: entidades infra-estaduais, autoridades reguladoras independentes, etc.

Lembrar que a Directiva 93/16, permitindo a liberdade de circulação de trabalhadores, impede a existência de barreiras à circulação de médicos entre Estados. Questão conexa mas diferente é a da garantia de qualidade (a Directiva regula a duração e local da formação mas não especifica o conteúdo da formação a adquirir). Parece ser de admitir a necessidade de sistemas de *re-acreditação* e de formação contínua[6]. Torna-se óbvia a necessidade de autoridades nacionais e de autoridades europeias.

Sugestões bibliográficas:

JÜRGEN SCHWARZE (org.), *Das Verwaltungsrecht unter europäischem Einfluss*, Nomos, Baden-Baden, 1996.
MARIO CHITI, *Diritto Amministrativo Europeo, Giuffrè, Milano, 1999.*
RAINER PITSCHAS, Strukturen des europäischen Verwaltungsrechts – Das Kooperative Social– und Gesundheitsrecht der Gemeinschaft, in SCHMIDT-ASSMANN/HOFFMANN-RIEM (coord.), Strukturen des Europäischen Verwaltungsrechts, Nomos, Baden-Baden, 1999, pp. 10 e ss..

---

[6] JUSTIN ALLEN, *Ensuring Quality of Healthcare Providers within the Single Market*, in *Eurohealth,* public. do *European Observatory on Health Care Systems and Policies,* vol. 8, n.º 1, 2002, pp. 14 e ss., onde, inclusivamente, sugere existência de grupo profissional ao nível europeu para fiscalizar a qualidade e também os referidos processos.

BONOLI/GEORGE/TAYLOR-GOOBY, *European Welfare Futures. Towards a Theory of Retrenchment*, Polity Press, Cambridge, 2000, max. pp. 37 e ss..

HERMAN NYS, *Patients' Rights in a European Healthcare Market*, in *Eurohealth*, public. do *European Observatory on Health Care Systems and Policies*, vol. 8, n.º 1, 2002, pp. 10 e ss..

SENDÍN GARCÍA, *Hacia un servicio público europeu. El nuevo derecho de los servicios públicos*, Comares, Granada, 2003.

JUSTIN ALLEN *Ensuring Quality of Healthcare Providers within the Single Market*, in *Eurohealth*, public. do *European Observatory on Health Care Systems and Policies*, vol. 8, n.º 1, 2002, pp. 14 e ss..

TAMARA HERVEY, *European Social Law and Policy*, Longman, Londres, 1998.

EBERHARD EICHENHOFER, *Sozialrecht der Europäischen Union*, Erich Schmidt Verlag, 3ª ed., Berlin, 2006.

JOS BERGHMAN, *The European Social Model and Decision Making on it*, in BOECKEN/RULAND/STEINMEYER, *Sozialrecht und Sozialpolitik in Deutschland und Europa*, Luchterhand Verlag, Neuwied, 2002, pp. 1 e ss..

RINKEN/KELLMER, *Kommunale Krankenhäuser als Instrumente Sozialstaatlich-Kommunaler Daseinsvorsorge im Europäischen Verfassungsverbund*, in *Die Verwaltung*, Duncker & Humblot, Berlin, 2006, pp. 1 ss..

ULRICH HÄDE, *Zur Föderalismusreform in Deutschland*, in *Juristen Zeitung*, Mohr Siebeck, Tübingen, 1, 2006, pp. 930 e ss..

JUNQUERA GONZÁLEZ, *La Reforma y Modernización de la Administración Local Española*, in SAINZ MORENO (coord.) e outros, *Estudios para la Reforma de la Administración Pública*, INAP, Madrid, 2004, pp. 289 e ss..

Sugestões de trabalhos:

1. Comentário da seguinte interrogação: Olhando para a evolução das últimas décadas, faz sentido perguntar até que ponto, mais do que à passagem do *Estado Social* ao *Estado Regulador*, não estaremos a assistir à passagem do *Estado Social* à *Europa Reguladora*? (MARIA JOÃO ESTORNINHO, *Entidades Públicas e concorrência*:

um dilema dos nossos dias..., in *Concorrência e Regulação, Jornal de Negócios*, 7 de Julho de 2005, p. 10).
2. Fazer um levantamento de entidades reguladoras na área da saúde (de preferência em diversos países da EU) que existem por imposição comunitária. É o caso, por exemplo, da *Autoridade para os Serviços de Sangue e da Transplantação* (serviço central do Ministério da Saúde) ou do *INFARMED-IP*.
3. Investigar as ligações entre o *Observatório Europeu da Droga e da Toxicodependência (OEDT)* e o *Instituto da Droga e da Toxicodependência I.P.*
4. Debate em torno do tema do papel do Estado numa *Europa das regiões.*
5. Análise do relatório *European Observatory on Health Care Systems: Portugal*, 1999, in **www.euro.who.int/document/e68284.pdf**

5ª e 6ª Lições

Tema: A reforma dos sistemas europeus de saúde

SUMÁRIO: **1.** A reforma dos sistemas de saúde nos países de inspiração *bismarckiana*. **2.** O caso alemão. **3.** A reforma dos sistemas de saúde nos sistemas de inspiração *beveridgiana*. **4.** O caso britânico.

Tópicos

1. A origem do sistema de *Bismarck*

O sistema de *Bismarck*, adoptado em 1883, é um sistema de seguro social que se baseia na obrigação de as entidades patronais e os empregados contribuírem para um esquema de seguro-doença obrigatório.

2. A reforma alemã da saúde de 2003

Para um diagnóstico dos principais *sintomas de crise* do sistema de saúde alemão, antes da reforma de 2003, reflectindo o levantamento feito por vários grupos de trabalho, v. KLAUS DIRK HENKE, *The Permanent crisis in German Healthcare*, in *Eurohealth,* public. do *European Observatory on Health Care Systems and Policies,* vol. 8, n.º 1, 2002, pp. 22 e ss..

Salientem-se, entre outros, problemas financeiros, afastamento entre sistema ambulatório e hospitais a exigir articulação, e necessidade de reforço da medicina preventiva.

Fundamental ter em consideração o papel dos *Länder* em matéria de saúde.

A jurisprudência do *Bundesverfassungsgericht* em questões de saúde (a noção de *Volksgesundheit*).

3. A origem do *National Health System* britânico

1942 – Relatório *Beveridge*

1948 – na sequência do *National Health Service Act*, surge o *National Health System (NHS)*, financiado pelo sistema fiscal, prestado por entidades públicas e inspirado nos seguintes princípios:
- princípio da responsabilidade do Estado pela saúde dos cidadãos
- princípio da universalidade
- princípio da igualdade
- princípio da autonomia profissional (segundo o qual as autoridades administrativas não interferem na execução técnica dos cuidados de saúde pelos profissionais)

4. A reforma do sistema de saúde britânico

O *National Health Service and Community Care Act*, de 1990, alterado pelo *National Health Service (Primary Care) Act* de 1997 é fundamental para compreender a reforma do sistema de saúde britânico, precursora na separação das funções estaduais de prestador e financiador, da introdução de mecanismos de mercado e da autonomização dos hospitais.

Já anteriormente, a partir de 1979, se tinham iniciado reformas no âmbito da política de procura de eficiência na prestação de serviços públicos mas, em 1989, com a publicação do documento *Working for patients*, foram propostas medidas de reforma mais drásticas, no que toca aos sistemas de financiamento e de prestação dos serviços.

Pese embora mantendo a personalidade jurídica pública, os hospitais foram autonomizados em termos de gestão e de orçamento, passando a funcionar como *trusts*. Nesses *Foundation Trusts*, pretende-se a aproximação das populações locais à gestão dos hospitais, falando-se numa nova geração de *hospitais comunitários*.

Por outro lado, houve a separação entre prestador e financiador (representado por autoridades regionais de saúde, contratualizando-se as suas relações).

Introduziram-se também os esquemas de PFI (*private finance iniciative*) para conceder a privados a construção de infra-estruturas hospitalares.

Desde 2000, existe uma série de *Livros Brancos* sobre a reforma da saúde:

2000 – *The NHS Plan: a Plan for Investment, a plan for Reform*
2002 – *Delivering the NHS Plan: next Steps on Investment, next Steps on Reform*
2004 – *The NHS Improvement Plan: Putting People at the Heart of Public Services* (actualiza o plano de 2000 para o período de 2004-2008)

5. A reforma dos sistemas europeus de saúde: tendencial aproximação?

Desde os anos 80 que se assiste à reforma dos sistemas europeus de saúde. Alguns traços comuns às diversas experiências:
- Valorização dos mecanismos de mercado, como esquemas de seguro de saúde
- Admissão de privados como prestadores de cuidados de saúde
- Repensar do papel do Estado (pese embora se mantenha como entidade central do sistema, o Estado assume papel regulador, impondo *standards*)
- Introdução de mecanismos de financiamento baseados na produção e desempenho
- Introdução de mecanismos de contenção de despesas, acreditações e controlos de qualidade
- Contratualização de serviços
- Municipalização contratualizada de serviços de cuidados primários
- Contratualização de serviços de gestão e de prestação a privados com ou sem fins lucrativos
- Existência de autoridades reguladoras independentes/responsabilização dos operadores públicos e privados
- Fomento de lógica concorrencial no sector público e entre ele e o sector privado

Sugestões bibliográficas:

VOLKER LEIENBACH, *Gesundheitssysteme in Europa*, in BOECKEN/RULAND/ /STEINMEYER, *Sozialrecht und Sozialpolitik in Deutschland und Europa*, Luchterhand Verlag, Neuwied, 2002, pp. 32 e ss..

STEFAN MUCKEL, *Sozialrecht*, Beck, München, 2003.
ARNOLD/KLAUBER/SCHELLSCHMIDT, *Krankenhaus– Report 2002 (Krankenhaus im Wettbewerb)*, Schattauer, Stuttgart, 2003.
GERALD GASS, *Gesundheitsreform 2003 – Vorfahrt für neue Versorgungsformen*, in *Medizinrecht*, Beck, 2003, n.º 3, pp. 129 e ss..
UDO STEINER, *Das Bundesverfassungsgericht und die Volksgesundheit*, in *Medizinrecht*, Beck, 2003, n.º 1, pp. 1 e ss..
KRUSE, Udo e Silke Kruse, *Steht die gesetzliche Krankenversicherung vor einem Systemwechsel?*, in *Die Sozialversicherung*, Rausch Verlag, Heidelberg, 2003, pp. 281 e ss..
ROGER HOHMANN, *Einbeziehung von Sozialhilfeempfängern in die Gesetzliche Krankenversicherung? – Verfassungsproblematik und Lösungsansatz im Entwurf eines Gesundheitsmodernisierungsgesetzes*, in *Die Sozialgerichtsbarkeit*, Wiesbaden, 2003, n.º 9, pp. 498 e ss..
OTTO KRASNEY, *Leistungsverteilung im Gesundheitswesen*, in *Die Sozialgerichtsbarkeit*, Wiesbaden, 2003, n.º 11, pp. 609 e ss..
BRUCKENBERGER/KLAUE/SCHWINTOWSKI, *Krankenhausmärkte zwischen Regulierung und Wettbewerb*, Springer, 2005.
FRANK STOLLMANN, *Vorläufiger Rechtsschutz von Konkurrenten im Krankenhausrecht*, in *Neue Zeitschrift für Verwaltungsrecht*, Beck, n.º 4, 2006, pp. 425 e ss..

Sugestões de trabalhos:

1. Comparação de disposições constitucionais relativas aos deveres do Estado em matéria de saúde de diversos países, entre outras: Art.º 23.º da Constituição Belga; §19, 2 e 3 da Constituição Finlandesa; Art.º 32.º, 1, da Constituição italiana; Art.º 11.º, 3 da Constituição Luxenburguesa, Art.º 22.º, 1 da Constituição Holandesa.
2. Análise do relatório de 2000 do *European Observatory on Health Care Systems*, relativamente à situação em diversos países.
www.euro.who.int/observatory/ctryinfo site do *European Observatory on Health Systems and Policies* que inclui relatórios sobre as reformas dos diversos sistemas de saúde europeus.

3. Investigação sobre a reforma britânica do sistema de saúde e, em especial, sobre a utilização de técnicas de PFI (apenas para a construção de infra-estruturas).

www.direct.gov.uk
www.dh.gov.uk
(V. o site do *Department of Health, com dossier* sobre a reforma da saúde)

7ª e 8ª Lições

Tema: Estudo de outros sistemas de saúde (conteúdo variável).

SUMÁRIO: **A)** O sistema de saúde francês: **1.** A evolução do sistema de saúde francês; **2.** A reforma do sistema de saúde francês; **3.** O *Plan Hôpital 2007*. **B)** O sistema de saúde espanhol: **1.** Do sistema de segurança social ao Sistema Nacional de Saúde; **2.** A Constituição de 1978 e o direito à saúde (Art. 43.º); **3.** Da LGS (*Ley General Sanitaria*) de 1986 à LCCSNS (*Ley de Cohesión y Calidad del Sistema Nacional de Salud, Ley 16/2003, de 28 de mayo*); **4.** O SNS num Estado descentralizado (os fenómenos autonómicos e as prestações sanitárias); **5.** O financiamento do SNS; **6.** A *Alta Inspección* nos Estatutos de Autonomia; **7.** Os sujeitos com direito a prestações do SNS; **8.** O catálogo de prestações do SNS; **9.** As garantias do conteúdo das prestações sanitárias (garantia de acessibilidade, de mobilidade, temporal, de qualidade, de informação, de segurança). **10.** O pessoal dos serviços de saúde: natureza jurídica do vínculo e regime jurídico.

Tópicos

a) A reforma francesa do sistema de saúde. O plano *Hôpital 2007*

Pese embora o relatório da Organização Mundial de Saúde, de 2000[7], tenha considerado o sistema francês como o melhor sistema de

---

[7] WORLD HEALTH ORGANISATION, *The World Health Report 2000 – Health Systems: Improving Performance,* WHO, Genebra, 2000.

saúde, a partir de 2003-2004, iniciou-se um ciclo de reformas que procura ir ao encontro daqueles que são considerados como os novos desafios do referido sistema de saúde: entre outros, o aumento crescente das despesas da saúde e o défice orçamental dos fundos da Segurança Social; o envelhecimento da população e suas consequências; a necessidade de melhoria da qualidade dos serviços.

Em 2002-2003, foi revista a legislação da Segurança Social, repensando-se o financiamento dos serviços médicos e foi lançado o plano *Hôpital 2007*. Entretanto, em Agosto de 2004, surgem duas leis, relativas à política pública de saúde e, por outro lado, à reforma do seguro de saúde (em 2003 foi constituído o *Haut Conseil pour l'Avenir de l'Assurance Maladie*).

O plano *Hôpital 2007* visa promover a modernização dos hospitais e assenta em meios financeiros e jurídicos que pretendem fomentar o investimento necessário à própria renovação do imobiliário, dos equipamentos e dos sistemas de informação.

Do ponto de vista jurídico, uma das novidades da *Ordonnance n.º 2003-850, de 4 de Setembro de 2003,* relativa à simplificação da organização e funcionamento do sistema de saúde, bem assim como aos procedimentos de criação de estabelecimentos ou serviços médico-sociais carecidos de autorização, consiste na previsão de um contrato específico para a construção de hospitais ou realização de obras, o *bail emphytéotique hospitalier* (BEH)[8] e na previsão de regimes de procedimento pré-contratual também eles especiais. A execução do referido plano foi confiada, ao nível nacional, à MAINH (*Mission Nationale d'Appui à l'Investissement Hospitalier*) e, ao nível regional, às ARH (*Agences Régionales d'Hospitalisation*), a quem é atribuído papel fundamental, numa lógica de descentralização.

Já em 2006, foi apresentado novo plano estratégico, reafirmando e reforçando as medidas anunciadas anteriormente. As reformas levadas a cabo têm procurado melhorar e alterar o sistema de saúde, incidindo sobre questões de organização e regulação do referido sistema. Em grande parte, trata-se de medidas e incentivos de natureza financeira. Por outro lado, são muitas as implicações para os sistemas de informação na saúde

---

[8] V. LIGNIÉRES/RUXANDRA, *Les Nouveaux Contrats du Secteur Hospitalier*, in Dossier *Les Montages Complexes,* in *Contrats Publics – L'Actualité de la Commande et des Contrats Publics*, ed. Le Moniteur, Paris, Junho 2004, pp. 67 e ss..

(pense-se na implementação da ficha electrónica do doente, na possibilidade de escolha do médico, em termos de cuidados de saúde primários, ou ainda na importância crescente, em termos de definição da política de saúde, da disponibilidade electrónica de indicadores quantitativos).

A reforma em curso em França parte da reafirmação do papel essencial do Estado e do Parlamento na definição de prioridades do sistema de saúde. As referidas leis de 2004, reforçam também o papel do Governo na gestão dos fundos do seguro de saúde.

Por outro lado, avança-se para uma maior flexibilização e liberdade de organização interna na gestão hospitalar, apesar de controlos estritos de tal gestão. O poder regulador em relação aos hospitais tem vindo a ser transferido do nível central para o nível regional (agências ao nível regional que contratualizam a actuação dos hospitais).

Reservas têm sido suscitadas a propósito, entre outras, das reformas levadas a cabo em relação ao estatuto profissional dos médicos nos hospitais públicos e também em relação a uma tendencial convergência entre o sector público e privado, no que toca a tarifas baseadas na actividade prestada (*activity-based tariffs*).

b) Evolução do sistema de saúde espanhol

São apontadas três etapas na evolução do sistema de prestações de saúde, em Espanha. Na primeira, fala-se em «prestações sanitárias da Segurança Social» e corresponde aos sistemas de Segurança Social do século XIX, nos quais os cuidados de saúde eram garantidos através da técnica dos *seguros sociais*, de acordo com o *modelo de Bismarck* (que introduziu um sistema de protecção social em face de determinadas vicissitudes, tais como velhice, desemprego mas, sobretudo, inicialmente, doença).

Como exemplo paradigmático dessa fase, a *Ley del Seguro Obligatorio de Enfermedad*, de 1942, baseia-se neste modelo, concebendo as prestações sanitárias como prestações de Segurança Social, destinadas essencialmente aos trabalhadores e assente num esquema de cobertura dos riscos através de uma quota vinculada ao trabalho[9].

---

[9] V. José Vida Fernández, Las prestaciones sanitárias del SNS: catálogo de prestaciones y carteras de servicios, in Parejo Alfonso e outros, La Reforma del Sistema Nacional de Salud, Marcial Pons, Madrid, 2004, pp. 37 e ss., p. 40.

A Constituição espanhola de 1978 marca o início da segunda fase, na qual, com a aprovação da *Ley General Sanitaria* (LGS) de 1986, se começa a falar de «prestações sanitárias do SNS».

Com a consagração constitucional, no Artigo 43.º, do direito à saúde, autonomizou-se o sistema de saúde do sistema de segurança social (o direito à segurança social está previsto no Art.º 45.º), quer do ponto de vista das estruturas administrativas, quer do ponto de vista das previsões normativas.

Algumas diferenças fundamentais: o âmbito subjectivo dos destinatários (o novo SNS não condiciona o acesso a prévia filiação, sendo tendencialmente universal); o tipo de situação coberta (o SNS cobre qualquer situação de doença, independentemente da causa, e não apenas a doença profissional); as fontes de financiamento (o SNS é financiado a partir dos impostos e não directamente de quotizações de filiados)

É com a *Ley de Cohesión y Calidad del Sistema Nacional de Salud, Ley 16/2003, de 28 de mayo* (LCCSNS) que se aperfeiçoa esse sistema, entendendo-se[10] que se passa do sistema de inspiração bismarckiana, baseado no seguro, para um sistema de protecção ampla, numa lógica beveridgiana.

Continua, no entanto, a apontar-se algumas limitações, tais como as que resultam da manutenção de algumas prestações específicas no âmbito da Segurança Social, relativamente a acidentes de trabalho ou doenças profissionais e, por outro lado, alguns regimes especiais de segurança social para determinadas categorias de funcionários (pessoal dos serviços de Justiça ou das Forças Armadas), incluindo regimes de assistência na doença específicos (que põem em causa o carácter universal e não contributivo do SNS).

Discute-se essencialmente duas questões de fundo: a das implicações da crise do Estado de Bem Estar e a questão autonómica e seus reflexos no SNS.

---

[10] Nesse sentido, v., por exemplo, JOSÉ VIDA FERNÁNDEZ, *Las prestaciones sanitárias del SNS: catálogo de prestaciones y carteras de servicios*, in PAREJO ALFONSO e outros, *La Reforma del Sistema Nacional de Salud*, Marcial Pons, Madrid, 2004, pp. 37 e ss., p. 42.

c) A (in)viabilidade do sistema

Com a crise do Estado Providência (implicando a reestruturação dos serviços públicos e o repensar das tarefas do Estado) e, em simultâneo, a evolução para um SNS tendencialmente gratuito e universal, coloca-se inevitavelmente a questão da própria viabilidade do sistema.

Foram sido concebidos esquemas de limitação das prestações, no âmbito do SNS, com base, por exemplo, no *Informe Abril Martorell,* de Julho de 1991, o qual, na sua recomendação 44, determinava a necessidade de «delimitar com precisão as prestações básicas, que hão-de ser cobertas maioritariamente com recursos públicos, por formar parte do núcleo de solidariedade do Sistema». Foi, assim, desenvolvido um sistema de «Catálogo de Prestações – carteiras de serviços», o qual prevê o modo e o conteúdo básico das situações em que pode haver prestações do Sistema Público de Saúde: procurando garantir a qualidade dessas prestações (com qualidade, segurança, celeridade e igualdade) procura ser mecanismo de racionalização e de controlo.

d) As fundações sanitárias

Ter também presentes:
Lei n.º 30/1994, de 24 de Novembro (relativa a fundações privadas dedicadas a actividades de interesse geral e de iniciativa pública)
Lei n.º 15/1997, de 25 de Abril (criou as *fundações públicas sanitárias,* para introduzir novas formas de gestão no Sistema Nacional de Saúde)

Sugestões bibliográficas:

NATHALIE DESTAIS, *Le Système de Santé. Organisation et Régulation,* L.G.D.J., Paris, 2003.
CHANTAL CASES, *French health system reform: recent implementation and future challenges,* in *Eurohealth,* Ed. *European Observatory on Health Systems and Policies,* vol. 12, n.º 3, 2006, pp. 10 e ss..
JOSÉ VIDA FERNÁNDEZ, *Las prestaciones sanitárias del SNS: catálogo de prestaciones y carteras de servicios,* in PAREJO ALFONSO e outros, *La Reforma del Sistema Nacional de Salud,* Marcial Pons, Madrid, 2004, pp. 37 e ss..

MANUEL REBOLLO PUIG, *La Alta Inspección*, in PAREJO ALFONSO e outros, *La Reforma del Sistema Nacional de Salud*, Marcial Pons, Madrid, 2004, pp. 137 e ss..

LUCIANO PAREJO ALFONSO, *La Calidad al Servicio de la Eficacia en el Sistema Nacional de Salud*, in PAREJO ALFONSO e outros, *La Reforma del Sistema Nacional de Salud*, Marcial Pons, Madrid, 2004, pp. 253 e ss..

JUAN ZORNOZA PÉREZ, *La Financiación del Sistema Nacional de Salud*, in PAREJO ALFONSO e outros, *La Reforma del Sistema Nacional de Salud*, Marcial Pons, Madrid, 2004, pp. 216 e ss..

Sugestões de trabalhos:

1. Dissertação sobre o tema: *Descentralização à francesa numa Europa das regiões? (o exemplo da saúde)*.
2. Consultar a revista *Eurohealth*, public. do *European Observatory on Health Systems and Policies*, vol. 12, n.º 3, 2006, pp. 10 e ss., inclui dossier sobre a reforma em curso do sistema de saúde francês.
3. Análise do relatório do Ministério da Saúde francês *Rapport du Haut Conseil pour l'Avenir de l'Assurance Maladie*, de Julho de 2006. V. http://www.sante.gouv.fr/htm/dossiers/hcaam/rapport-2006.pdf
4. Analisar legislação espanhola relativa ao sistema de saúde e, por exemplo, o *Catálogo de Prestaciones del Sistema Nacional de Salud*.
5. Investigar o tema fundamental das implicações da questão autonómica, no Sistema Nacional de Saúde espanhol.
6. Investigação sobre o sistema de saúde italiano. V., como ponto de partida, SABINO CASSESE, *Diritto Amministrativo Speciale*, Tomo I, in *Trattato di Diritto Amministrativo*, org. SABINO CASSESE, Giuffrè, Milão, 2000, pp. 377 e ss..

PARTE III
O novo rosto da Administração Pública da Saúde em Portugal

9ª Lição: O Sistema Nacional de Saúde

10ª Lição: A Administração Central e Periférica do Estado na área da saúde

11ª Lição: Os Institutos Públicos na área da saúde

12ª Lição: Os Hospitais Públicos

13ª Lição: As atribuições autárquicas em matéria de saúde

14ª Lição: O exercício privado de funções de serviço público de saúde

15ª Lição: As Faculdades de Medicina e afins

16ª Lição: As Ordens Profissionais

17ª Lição: A Entidade Reguladora da Saúde (ERS)

18ª Lição: As entidades de natureza consultiva na área da saúde

19ª Lição: Os órgãos de controlo da Administração da saúde

9ª Lição

Tema: O Sistema Nacional de Saúde

Sumário: **1.** Os princípios constitucionais da organização administrativa da saúde (max. a descentralização e a desconcentração administrativas); **2.** A Lei de Bases da Saúde e o Sistema Nacional de Saúde; **3.** O Ministério da Saúde e a definição da política nacional de saúde; **4.** O Plano Nacional de Saúde; **5.** O Serviço Nacional de Saúde.

Tópicos

a) As atribuições do Ministério da Saúde

Nos termos da Lei Orgânica do XVII Governo Constitucional (Decreto-Lei n.º 79/2005, de 15 de Abril, com, entre outras, as alterações do Decreto-Lei n.º 201/2006, de 27 de Outubro), o Ministério da Saúde tem por missão definir a política nacional de saúde, exercer as correspondentes funções normativas e promover a respectiva execução e avaliar os resultados (Artigo 21.º), sendo o Ministro da Saúde coadjuvado pelo Secretário de Estado da Saúde e pelo Secretário de Estado Adjunto e da Saúde (Artigo 3.º, n.º 13).

Vale a pena ter presente a especificação destas atribuições, no Artigo 2.º da Lei Orgânica do Ministério da Saúde (Decreto-Lei n.º 212/2006, de 27 de Outubro). Assim, cabe ao Ministério da Saúde:

a) Assegurar as acções necessárias à formulação, execução, acompanhamento e avaliação da política de saúde;

b) Exercer, em relação ao Serviço Nacional de Saúde, funções de regulamentação, planeamento, financiamento, orientação, acompanhamento, avaliação, auditoria e inspecção;
c) Exercer funções de regulamentação, inspecção e fiscalização relativamente às actividades e prestações de saúde desenvolvidas pelo sector privado, integradas ou não no sistema de saúde.

Ou seja, o Ministério da Saúde é responsável pela *política de saúde* (exercendo, entre outras, as correspondentes funções normativas) e, se em relação ao SNS, financia, orienta e regula, acompanha e avalia, em relação ao sector privado, exerce essencialmente tarefas de regulamentação e fiscalização.

b) A participação de privados no Sistema Nacional de Saúde

A reforma da saúde nos últimos anos vai no sentido de cada vez mais contar com uma participação acrescida e diversificada de operadores sociais e privados, integrados nas redes de cuidados primários, hospitalares e continuados. (V., *infra*, Lição n.º 14)

Relacionar com o conceito funcional de serviço público de saúde (v.*supra*, Parte II)

c) Os princípios constitucionais da Organização Administrativa da Saúde

Especialmente relevante do ponto de vista da *Organização Administrativa da Saúde* é o Artigo 64.º, n.º 4, nos termos do qual o SNS tem gestão *descentralizada* e *participada*. É, no entanto, muito ampla a liberdade de conformação do legislador na concretização da dimensão organizatória do direito à protecção da saúde.

O princípio da gestão participada impõe a existência de possibilidade de participação de associações de utentes e de associações de profissionais de saúde na gestão do SNS.

Chamar à colação os princípios constitucionais da Organização Administrativa, previstos no Artigo 267.º CRP.

d) O Serviço Nacional de Saúde

Do princípio da gestão descentralizada – quer em termos funcionais, quer em termos territoriais – tem sido retirada a imposição de o SNS não estar integrado na Administração directa do Estado mas antes na indirecta (Ac.TC 34/89). (v., em especial, a maior autonomização do SNS em relação à Administração Central do Estado, prevista na Lei Orgânica do Ministério da Saúde).

Legislação:

– Lei de Bases da Saúde (Lei n.º 48/90, de 24 de Agosto, com, entre outras, as alterações da Lei n.º 27/2002, de 8 de Novembro)
– Estatuto do Serviço Nacional de Saúde (Decreto-Lei n.º 11/93, de 15 de Janeiro)
– Decreto-Lei n.º 281/2003, de 8 de Novembro (cria a rede de cuidados continuados de saúde)
– Decreto-Lei n.º 101/2006, de 6 de Junho (cria a Rede Nacional de Cuidados Continuados Integrados, RNCCI, no âmbito dos Ministérios do Trabalho e da Solidariedade Social e da Saúde)
– Decreto-Lei n.º 173/2003, de 1 de Agosto (regime das taxas moderadoras)

Sugestões bibliográficas:

FREITAS DO AMARAL, Curso de Direito Administrativo, vol. I, 3ª ed., Almedina, Coimbra, 2006, pp. 833 e ss..
MARCELO REBELO DE SOUSA/ANDRÉ SALGADO DE MATOS, Direito Administrativo Geral, Tomo I, 2ª ed., Dom Quixote, Lisboa, 2006, pp. 47 e ss., 143 e ss. e 151 e ss..
MARIA DA GLÓRIA DIAS GARCIA, Organização Administrativa, in DJAP, VI, 1994, p. 235.
SÉRVULO CORREIA, Projecto de Proposta de Lei de Bases da Saúde, in Legislação – Cadernos de Legislação e Jurisprudência, n.º 27, 2000.

Sugestões de trabalhos:

1. Comparar o SNS português com outros modelos de organização administrativa da saúde em países da União Europeia.
   v. www.euro.who.int/observatory/ctryinfo
   site do *European Observatory on Health Systems and Policies* que inclui relatórios sobre as reformas dos diversos sistemas de saúde europeus
2. Reflectir sobre a influência da N*ew Public Management* nas linhas orientadoras do Sistema Nacional de Saúde.
   (Para, na Alemanha, a *Neues Steuerungsmodell (NSM)*, v. BULL/ /MEHDE, *Allgemeines Verwaltungsrecht mit Verwaltungslehre*, 7ª ed, C.F.Müller, Heidelberg, 2005, pp. 512 e ss.)
3. Análise da Resolução do Conselho de Ministros n.º 168/2006, de 9 de Novembro de 2006, que criou, na dependência do Ministro da Saúde, a *Unidade de Missão para os Cuidados Continuados Integrados*, cabendo-lhe coordenar a rede de unidades prestadoras de cuidados continuados integrados, articulando centros de saúde, hospitais, serviços e instituições de natureza privada e social, em interligação com as redes nacionais de saúde e de segurança social.
4. Análise do Programa Operacional da Saúde – Saúde XXI, do 3.º Quadro Comunitário de Apoio (2000-2006). V. http://www.saudexxi.min-saude.pt

10ª Lição

Tema: A Administração Central e Periférica do Estado na área da saúde

SUMÁRIO: **1.** O Programa de Reestruturação da Administração Central do Estado (PRACE) e o Ministério da Saúde; **2.** Os órgãos e os serviços centrais do Ministério da Saúde; **3.** Os organismos periféricos do Ministério da Saúde: serviços regionais e serviços locais; **5.** Os organismos administrativos efémeros (*estruturas de missão*; *task forces*).

Tópicos

a) O PRACE e o Ministério da Saúde

É interessante e actual analisar como a Lei Orgânica do Ministério da Saúde (Decreto-Lei n.º 212/2006, de 27 de Outubro) se faz eco dos princípios consagrados na Resolução do Conselho de Ministros n.º 124//2005, de 4 de Agosto, a qual aprova o Programa de Reestruturação da Administração Central do Estado (PRACE), e da Resolução do Conselho de Ministros n.º 39/2006, de 30 de Março, que define as orientações, gerais e especiais, para a reestruturação dos ministérios.

Como principais aspectos que, ao nível do Ministério da Saúde, reflectem as orientações do PRACE, no sentido da reorganização dos serviços centrais para o exercício de funções de apoio à governação, de gestão de recursos, de natureza consultiva, de coordenação interministerial

e operacionais, são salientados no próprio preâmbulo da Lei Orgânica do Ministério as seguintes:
- o facto de serem reforçadas as atribuições do Alto Comissariado, as quais passam a incluir a coordenação da actividade do Ministério da Saúde nos domínios do planeamento estratégico e das relações internacionais, consubstanciando uma especificidade no que se refere à absorção das atribuições previstas para os gabinetes de planeamento estratégico, avaliação e de relações internacionais;
- a opção de distinguir a gestão dos recursos dos serviços centrais e regionais do Ministério da Saúde da gestão dos recursos internos do Serviço Nacional de Saúde, pelo que se procede à criação da Administração Central do Sistema de Saúde, I.P. (extinguindo-se o Instituto de Gestão Informática e Financeira da Saúde, a Direcção Geral de Instalações e Equipamentos da Saúde e o Instituto da Qualidade em Saúde); o novo organismo assegura a gestão integrada dos recursos do Serviço Nacional de Saúde, absorvendo as atribuições dos organismos extintos e também da Secretaria-Geral, em matéria de recursos humanos do Serviço Nacional de Saúde;
- o facto de, em função do aspecto anterior, a Secretaria-Geral se reorganizar e passar a assumir (apenas) as atribuições de serviços homólogos de outros ministérios;
- o facto de a Inspecção-Geral das Actividades em Saúde alargar o seu âmbito de actuação e passar a abranger entidades privadas, com fins lucrativos ou não, que desenvolvam actividades no domínio da saúde;
- a criação da Autoridade para os Serviços de Sangue e da Transplantação (acompanhando o Direito Comunitário, que salienta a importância crescente e os riscos associados às actividades dos serviços de sangue e de colheita, análise e manipulação de tecidos e células humanas);
- o facto de as Administrações Regionais de Saúde verem reforçadas as suas atribuições (com a progressiva extinção das sub-regiões de saúde).

Ou seja, optou-se pela separação orgânica entre o Ministério da Saúde e o SNS (com as devidas implicações em termos de criação da

Administração Central do Sistema de Saúde, I.P. e da reestruturação da Secretaria-Geral do Ministério) e, por outro lado, acentuou-se o facto de a Inspecção-Geral das Actividades em Saúde incidir sobre entidades públicas e sobre entidades privadas.

b) Serviços centrais do Ministério da Saúde

Nos termos do Artigo 4.º da Lei Orgânica do Ministério da Saúde, integram a *administração directa do Estado*, no âmbito do Ministério da Saúde, os seguintes serviços centrais: o Alto Comissariado da Saúde; a Inspecção-Geral das Actividades em Saúde; a Secretaria-Geral; a Direcção-Geral da Saúde; a Autoridade para os Serviços de Sangue e da Transplantação. A referida Lei Orgânica prevê a posterior elaboração de diplomas legais específicos para cada uma das entidades.

O Alto Comissariado da Saúde (Artigo 11.º, LOMS), sendo dirigido por um Alto-Comissário, coadjuvado por dois adjuntos, tem por missão assegurar a elaboração, acompanhamento e avaliação do Plano Nacional de Saúde, garantir apoio técnico ao planeamento estratégico e à formulação de políticas de saúde, em coordenação com a programação financeira, acompanhar e avaliar a execução de políticas de saúde, assegurar o desenvolvimento de programas verticais de saúde e coordenar as relações internacionais. V. http://www.acs.min-saude.pt

À Direcção-Geral da Saúde (Artigo 14.º, LOMS) cabe regular, orientar e coordenar as actividades de promoção da saúde, prevenção da doença e definição das condições técnicas para a adequada prestação de cuidados de saúde. V. http://www.dqs.pt

A Autoridade para os Serviços de Sangue e da Transplantação (Artigo 15.º, LOMS) tem por missão garantir a qualidade e a segurança em relação à dádiva, colheita, análise, processamento, distribuição de sangue humano e de órgãos, tecidos e células de origem humana, no quadro do Direito Comunitário. Cabe-lhe propor medidas de natureza política e legislativa em relação a tais matérias e desenvolver actividades de controlo e fiscalização, em consonância com o regime legal de infracções e sanções. Cabe-lhe, ainda, manter registo dos serviços manipuladores de órgãos e tecidos e manter o Registo Nacional de Dadores de Células Estaminais de Medula Óssea, de Sangue Periférico ou de Cordão Umbilical.

A Secretaria-Geral (Artigo 13.º) assegura o apoio jurídico, técnico e administrativo aos gabinetes dos membros do Governo e demais órgãos e serviços integrados no Ministério da Saúde (excepto no que toca ao SNS), competindo-lhe a gestão de recursos, apoio técnico jurídico e contencioso, documentação e informação, comunicação e relações públicas.

A Inspecção-Geral das Actividades em Saúde (Artigo 12.º LOMS) é definida como o serviço de auditoria, inspecção e fiscalização no sector da saúde e é dirigida por um Inspector-Geral, coadjuvado por dois sub inspectores-gerais. O aspecto mais original e interessante consiste no facto de fiscalizar todos os domínios de prestação de cuidados de saúde, quer pelas instituições, serviços e organismos do MS, ou por este tutelados, quer pelas entidades privadas, pessoas singulares e colectivas, com ou sem fins lucrativos.

Do elenco de tarefas que lhe são atribuídas, cabe realçar: verificar a legalidade da actuação mas também a *qualidade* dos serviços prestados; participar no controlo interno da administração financeira do Estado, em relação às entidades integradas no Ministério da Saúde ou sob a sua tutela; controlar a utilização, pelas entidades privadas, de fundos públicos de que tenha beneficiado; realizar acção de prevenção e detecção de fenómenos de corrupção; exercer acção disciplinar em relação a serviços integrados no Ministério da Saúde ou sob sua tutela.

c) Organismos da Administração Periférica do Ministério da Saúde

Nos termos do Artigo 5.º, n.º 2, da Lei Orgânica do Ministério da Saúde, prosseguem atribuições do Ministério da Saúde, sob a sua superintendência e tutela, os seguintes *organismos periféricos*: a Administração Regional de Saúde do Norte, I.P.; a Administração Regional de Saúde do Centro, I.P.; a Administração Regional de Saúde de Lisboa e Vale do Tejo, I.P.; a Administração Regional de Saúde do Alentejo, I.P.; a Administração Regional de Saúde do Algarve, I.P..

O Artigo 22.º da referida Lei Orgânica define as tarefas das Administrações Regionais de Saúde, determinando que têm por missão assegurar à população, na área da respectiva circunscrição administrativa, o acesso à prestação de cuidados de saúde, adequando os recursos disponíveis às necessidades e fazendo cumprir o Plano Nacional de Saúde. Assim, cabe-lhes: coordenar, orientar e avaliar a execução da política de saúde; desenvolver e consolidar a rede de cuidados continuados integrados; coordenar e avaliar projectos de investimento; afectar recursos financeiros a instituições integradas no SNS ou por ele financiados; instruir processos e emitir parecer relativamente ao licenciamento de unidades privadas prestadoras de cuidados de saúde.

Do ponto de vista dogmático, o aspecto mais interessante e inovador consiste no facto de os referidos *organismos periféricos* aparecerem no Artigo 5.º da Lei Orgânica da Saúde, sob a epígrafe *Administração Indirecta do Estado*.

Na verdade, estas *Administrações Regionais* são Institutos Públicos (dirigidos por um Conselho Directivo, composto por um Presidente, um Vice-Presidente e vogais), sujeitos ao poder de superintendência e tutela por parte do Ministro da Saúde (ao contrário daquilo que acontece tradicionalmente com os organismos da administração periférica do Estado, os quais, não sendo dotados de personalidade jurídica, ficam naturalmente sujeitos ao poder de direcção, típico da relação hierárquica).

Trata-se, assim, de um fenómeno que obriga a repensar os quadros dogmáticos tradicionais nesta matéria: trata-se de autonomização de *serviços personalizados do Estado* mas, neste caso, tratando-se de *serviços periféricos do Estado*? O novo conceito de *Administração Regional* situa-se a meio caminho entre a tradicional *administração periférica* e a *administração indirecta* (trata-se de entidades periféricas em relação ao Estado mas dotadas de personalidade jurídica)? Ou serão tais entidades um embrião de uma administração *periférica* mas em relação à própria União Europeia?

d) Organismos da administração indirecta, sob tutela e superintendência do Ministério da Saúde (remissão)

Nos termos do Artigo 5.º, n.º 1, da Lei Orgânica do Ministério da Saúde, prosseguem atribuições do Ministério da Saúde, sob a superintendência e a tutela do respectivo Ministro, os seguintes organismos: a Administração Central do Sistema de Saúde, I.P.; o INFARMED – Autoridade Nacional do Medicamento e Produtos de Saúde, I.P.; O Instituto Nacional de Emergência Médica, I.P.; o Instituto Português do Sangue, I.P; O Instituto da Droga e da Toxicodependência, I.P.; o Instituto Nacional de Saúde Dr. Ricardo Jorge, I.P..

Tratando-se de institutos públicos, estas entidades serão objecto de estudo na próxima lição. Importa, no entanto realçar a tendência dos últimos anos para integrar na Lei Orgânica dos Ministérios (e nos respectivos organogramas) os institutos públicos que, sendo serviços personalizados, parecem integrar já a *administração indirecta*.

e) O Serviço Nacional de Saúde

Nos termos do Artigo 7.º da Lei Orgânica do Ministério da Saúde, integram o SNS «todas as entidades públicas prestadoras de cuidados de saúde, designadamente os estabelecimentos hospitalares, independentemente da sua designação, as unidades locais de saúde e os centros de saúde e seus agrupamentos» (n.º 2), ficando tais serviços e estabelecimentos do Serviço Nacional de Saúde sujeitos ao poder de tutela e superintendência do Ministro da Saúde.

f) O Conselho Nacional de Saúde

É o órgão de consulta do Ministério da Saúde (v. *infra*, Lição sobre os órgãos consultivos).

g) Controlador financeiro

V. Decreto-Lei n.º 33/2006, de 17 de Janeiro, a propósito da previsão da possibilidade de actuar, no âmbito do MS, um controlador financeiro.

Legislação:

– Lei 4/2004, de 15 de Janeiro (Princípios e normas a que deve obedecer a organização da administração directa do Estado)
– Lei Orgânica do XVII Governo Constitucional (Decreto-Lei n.º 79/2005, de 15 de Abril com, entre outras, as alterações do Decreto-Lei n.º 201/2006, de 27 de Outubro)
– Resolução do Conselho de Ministros n.º 124/2005, de 4 de Agosto (aprova o Programa de Reestruturação da Administração Central do Estado (PRACE)
– Resolução do Conselho de Ministros n.º 39/2006, de 30 de Março – define as orientações, gerais e especiais, para a reestruturação dos ministérios

– Decreto-Lei n.º 200/2006, de 25 de Outubro (regime jurídico da reorganização da administração directa central do Estado e da administração indirecta sem carácter empresarial)
– Decreto-Lei n.º 212/2006, de 27 de Outubro – aprova a Lei Orgânica do Ministério da Saúde
– Decreto-Lei n.º 218/2007, de 29 de Maio – aprova a Lei Orgânica do Alto Comissariado da Saúde
– Decreto-Regulamentar n.º 65/2007, de 29 de Maio – aprova a Lei Orgânica da Secretaria-Geral do Ministério da Saúde
– Decreto-Regulamentar n.º 66/2007, de 29 de Maio – aprova a Lei Orgânica da Direcção-Geral da Saúde
– Decreto-regulamentar n.º 67/2007, de 29 de Maio – aprova a Lei Orgânica da Autoridade para os Serviços do Sangue e da Transplantação
– Decreto-Lei n.º 222/2007, de 29 de Maio – aprova a lei Orgânica das Administrações Regionais de Saúde, I.P.

Sugestões bibliográficas:

DIOGO FREITAS DO AMARAL, *Curso de Direito Administrativo*, Almedina, Coimbra, Vol. I, 3ª ed., 2006, pp. 243 e ss..
JOÃO CAUPERS, *Introdução ao Direito Administrativo*, Ed. Âncora, Lisboa, 8ª ed., 2005, pp. 94 e ss..
JOÃO CAUPERS, *A AdministraçãoPeriférica do Estado*, Aequitas, Lisboa, 1994.

Sugestões de trabalhos:

1. Comparação do anterior organograma do Ministério da Saúde (ao abrigo da anterior Lei Orgânica – Decreto-Lei n.º 10/93, de 15 de Janeiro) e do actual organograma, à luz do PRACE.
2. Análise da estrutura orgânica do Serviço Nacional de Saúde.
3. Apreciação da actuação de alguns *Organismos efémeros* no âmbito do Ministério da saúde. V., entre outras: Resolução do Conselho de Ministros n.º 157/2005, de 12 de Outubro (cria uma estrutura de missão para a reforma dos cuidados de saúde primários); Resolução do Conselho de Ministros n.º 126/2001, de 16

de Novembro (cria uma estrutura de missão denominada «Parcerias.Saúde»); Resolução do Conselho de Ministros n.º 8/2002, de 19 de Dezembro – Cria uma estrutura de missão para gerir e executar o Programa de Humanização, Acesso e Atendimento no Serviço Nacional de Saúde; Resolução do Conselho de Ministros n.º 15/2003, de 5 de Fevereiro (cria uma unidade de missão designada «Hospitais S.A.» para coordenar o processo de empresarialização dos hospitais); Resolução do Conselho de Ministros n.º 79/2004, de 24 de Junho (cria o Sistema Integrado de Gestão de Inscritos para Cirurgia – SIGIC); Resolução do Conselho de Ministros n.º 84/2005, de 27 de Abril (criou, na dependência do Ministro da Saúde, a Comissão para o Desenvolvimento dos Cuidados de Saúde às Pessoas Idosas e às Pessoas em Situação de Dependência);

Resolução do Conselho de Ministros n.º 157/2005, de 12 de Outubro de 2005, criou a Missão para os Cuidados de Saúde Primários (V. http://www.mcsp.min-saude.pt); Resolução do Conselho de Ministros n.º 168/2006 de 9 de Novembro de 2006 criou, na dependência do Ministro da Saúde, a Unidade de Missão para os Cuidados Continuados Integrados.

4. A partir do Decreto-Lei n.º 157/99, de 10 de Maio (regime da criação, organização e funcionamento dos centros de saúde), analisar a evolução em matéria de natureza jurídica dos centros de saúde (pessoas colectivas públicas, integradas no SNS, sob orientação, coordenação e avaliação das ARS) e da sua relação com as USF (unidades elementares de prestação de cuidados de saúde a uma determinada população), integradas numa lógica de rede com o respectivo centro de saúde.

11ª Lição

Tema: Os Institutos Públicos na área da saúde

> SUMÁRIO: **1.** Os institutos públicos na área da saúde: razão de ser e tipologia; **2.** Regime jurídico aplicável. **3.** A Lei-Quadro dos Institutos Públicos; **4.** Superintendência e tutela sobre os institutos públicos; controlo administrativo e financeiro; **5.** Os institutos públicos na área da saúde: entre a *administração indirectamente dependente* (MARCELO REBELO DE SOUSA) e a *administração indirecta*?

Tópicos

a) Tipologia de institutos públicos

Diversidade do universo dos institutos públicos. Entre outras classificações e tipologias, tenham-se presentes as seguintes:

– em função das tarefas que desempenham, é possível, por exemplo, distinguir institutos públicos de prestação, institutos reguladores, institutos fiscalizadores, institutos de infra-estruturas (JOÃO CAUPERS),

– em função maior ou menor proximidade do Estado é possível distinguir institutos públicos que são organismos periféricos do Estado e institutos que integram a administração indirecta.

b) Os institutos públicos na área da saúde: entre a administração indirectamente dependente (MARCELO REBELO DE SOUSA) e a administração indirecta?

Como já foi referido, é especialmente interessante, do ponto de vista da natureza jurídica, o caso das Administrações Regionais de Saúde, IPs, as quais, sendo institutos públicos, são organismos periféricos do Ministério da Saúde (v.*supra*).

Por outro lado, sob a epígrafe *administração indirecta,* nos termos do Artigo 5.º, n.º 1, da Lei Orgânica do Ministério da Saúde, prosseguem atribuições do Ministério da Saúde, sob a superintendência e a tutela do respectivo Ministro, os seguintes organismos: a Administração Central do Sistema de Saúde, I.P.; o INFARMED – Autoridade Nacional do Medicamento e Produtos de Saúde, I.P.; O Instituto Nacional de Emergência Médica, I.P.; o Instituto Português do Sangue, I.P.; O Instituto da Droga e da Toxicodependência, I.P.; o Instituto Nacional de Saúde Dr. Ricardo Jorge, I.P..

c) Administração Central do Sistema de Saúde, I.P.

Nos termos da Lei Orgânica do Ministério da Saúde, optou-se por distinguir a gestão dos recursos dos serviços centrais e regionais do Ministério da Saúde da gestão dos recursos internos do Serviço Nacional de Saúde, tendo-se procedido à criação da Administração Central do Sistema de Saúde, I.P. (extinguindo-se o Instituto de Gestão Informática e Financeira da Saúde, a Direcção Geral de Instalações e Equipamentos da Saúde e o Instituto da Qualidade em Saúde).

O novo organismo assegura a gestão integrada dos recursos do Serviço Nacional de Saúde, absorvendo as atribuições dos organismos extintos e também da Secretaria-Geral, em matéria de recursos humanos do Serviço Nacional de Saúde. Tem como tarefas fundamentais: a gestão dos recursos financeiros e dos recursos humanos do SNS; a gestão da rede de instalações e equipamentos da saúde; a avaliação de sistemas e tecnologias de informação e comunicação.

d) O INFARMED – Autoridade Nacional do Medicamento e Produtos de Saúde, I.P. (www.infarmed.pt)

Nos termos do Artigo 17.º LOMS, o INFARMED, I.P. tem por missão regular e supervisionar os sectores dos medicamentos e dos produtos de saúde, desempenhando um papel fundamental, no quadro do sistema comunitário de avaliação e supervisão de medicamentos e da rede de autoridades competentes da União Europeia, como *autoridade reguladora* em matéria de medicamentos e de produtos de saúde e também como laboratório de referência para a comprovação da qualidade de medicamentos no contexto da rede europeia de laboratórios oficiais de controlo (OMCL).

Lembre-se que o INFARMED foi criado, na sequência da reorganização dos serviços do Ministério da Saúde realizada pelo Decreto-Lei n.º 10/93, de 15 de Janeiro, como *serviço personalizado* e que a sua estrutura orgânica inicial ficou consagrada no Decreto-Lei n.º 353/93, de 7 de Outubro.

Posteriormente, verificaram-se alterações significativas ao nível da União Europeia, em matéria de medicamentos. Entre elas, tenha-se presente a criação da Agência Europeia de Avaliação de Medicamentos que implicou para os Estados membros um esforço acrescido de participação nas instâncias comunitárias e de coordenação das competências nacionais e comunitárias.

O Sistema Europeu de Avaliação e Autorização de Medicamentos, obrigatório desde 1998, implicou alterações estratégicas em matéria de avaliação e autorização de medicamentos. Sente-se a necessidade de reforçar as regras e o controlo dos produtos sanitários, em termos de protecção da saúde pública, na linha das crescentes exigências da legislação comunitária sobre a matéria.

Verifica-se, assim, uma reestruturação orgânica através do Decreto--Lei n.º 495/99, de 18 de Novembro o qual, atribuindo ao INFARMED a natureza de pessoa colectiva de direito público, lhe mandava aplicar os respectivos estatutos, os seus regulamentos internos e, subsidiariamente, o regime jurídico das empresas públicas.

Nos termos da actual Lei Orgânica do Governo, o INFARMED assume, como foi referido, a natureza de Instituto Público, sujeito a poderes de superintendência e de tutela do Estado.

e) Os hospitais públicos como institutos públicos na categoria de estabelecimentos públicos – mera categoria histórica? (v. *infra*, lição sobre a natureza jurídica dos hospitais)

Legislação:

– Lei-Quadro dos Institutos Públicos (Lei n.º 3/2004, de 15 de Janeiro)

– Decreto-Lei n.º 219/2007, de 29 de Maio – Lei Orgânica da Administração Central do Sistema de Saúde, I.P.
– Decreto-Lei n.º 220/2007, de 29 de Maio – Lei Orgânica do Instituto Nacional de Emergência Médica, I.P.
– Decreto-Lei n.º 221/2007, de 29 de Maio – Lei Orgânica do Instituto da Droga e da Toxicodependência
– Decreto-Lei n.º 269/2007, de 26 de Julho – Lei Orgânica do INFARMED
– Decreto-Lei n.º 270/2007, de 26 de Julho – Lei Orgânica do Instituto Português do Sangue, I.P.
– Decreto-Lei n.º 271/2007, de 26 de Julho – Lei Orgânica do Instituto Nacional de Saúde Dr. Ricardo Jorge, I.P.

Sugestões bibliográficas:

DIOGO FREITAS DO AMARAL, *Curso de Direito Administrativo*, Almedina, Coimbra, Vol. I, 3ª ed., 2006, pp. 347 e ss..
JOÃO CAUPERS, *Introdução ao Direito Administrativo*, Ed. Âncora, Lisboa, 8ª ed., 2005, pp. 99 e ss..
MARCELO REBELO DE SOUSA, *Lições de Direito Administrativo*, Lex, Lisboa, 1999, pp. 351 e ss..

Sugestões de trabalhos práticos:

1. Análise de Estatutos de diversos institutos públicos da área da saúde (por exemplo, a Administração Central do Sistema de Saúde, I.P.; o INFARMED – Autoridade Nacional do Medicamento e Produtos de Saúde, I.P.; O Instituto Nacional de Emergência Médica, I.P.; o Instituto Português do Sangue, I.P; O Instituto da Droga e da Toxicodependência, I.P.; o Instituto Nacional de Saúde Dr. Ricardo Jorge, I.P.).
2. Qualificação dos referidos organismos à luz das classificações e tipologias de institutos públicos estudadas.
3. Tema de investigação: para uma redefinição dos conceitos de *administração directa, administração indirecta, administração directa e indirectamente dependente do Estado.*

12ª Lição

Tema: Os Hospitais Públicos

SUMÁRIO: **1.** Natureza jurídica dos hospitais públicos: evolução histórica; **2.** A experiência de *empresarialização* dos hospitais; **3.** Modos actuais de gestão dos hospitais públicos; **4.** O caso da concessão da gestão; **5.** Regime jurídico; **6.** O sector empresarial do Estado: entes públicos empresariais e sociedades de capitais públicos. **7.** Poderes do Estado em relação às unidades hospitalares.

Tópicos

a) Natureza jurídica dos hospitais públicos

O Decreto-Lei n.º 93/2005, de 7 de Junho, invocando a anterior experiência do Hospital de São Sebastião, em Santa Maria da Feira – criado em 1998 como entidade pública mas sendo dotado de meios de gestão empresarial –, determinou a transformação em entidades públicas empresariais de 31 unidades de saúde às quais havia sido atribuído anteriormente o estatuto de sociedade anónima de capitais exclusivamente públicos. Reafirmando-se a natureza de serviço público da actividade desenvolvida por tais entidades, justificou-se a opção pelo estatuto de *entidade pública empresarial*, com a necessidade de permitir uma maior intervenção da tutela e da superintendência, quer ao nível operacional, quer ao nível da racionalidade económica.

Aliás, de acordo com o Programa de Estabilidade e Crescimento, o estatuto de entidade pública empresarial deveria ser progressivamente atribuído a todos os hospitais, incluindo os que tradicionalmente estavam integrados no sector público administrativo como institutos públicos.

Assim, o Decreto-Lei n..º 233/2005, de 29 de Dezembro: a) por um lado, transforma em entidades públicas empresariais 31 hospitais com a natureza de sociedade anónima; b) por outro lado, confere o estatuto de entidade pública empresarial ao Hospital de Santa Maria e ao Hospital de São João (que eram institutos públicos); c) cria sob a forma de E.P.E., o Centro Hospitalar de Lisboa Ocidental, E.P.E. (o qual integra por fusão os anteriores Hospital de Egas Moniz, S.A., o Hospital de Santa Cruz, S.A., e o Hospital de São Francisco Xavier, S.A.), o Centro Hospitalar de Setúbal, E.P.E., (o qual integra por fusão os anteriores Hospital de São Bernardo, S.A. e o Hospital Ortopédico de Sant'Iago do Outão, S.A.) e o Centro Hospitalar do Nordeste, E.P.E. (o qual integra por fusão os anteriores Hospital Distrital de Macedo de Cavaleiros e o Hospital Distrital de Mirandela); d) aprova os respectivos estatutos.

Reconhecendo a diversidade que existe nesse novo universo de EPEs, em relação aos Estatutos, a opção foi a de, para evitar a proliferação de estatutos de unidades de saúde essencialmente idênticos, aprovar um regime jurídico e uns estatutos flexíveis (para abranger quer hospitais, quer centros hospitalares, gerais e especializados, deixando para os respectivos regulamentos as questões organizacionais adequadas à sua especificidade, dimensão e complexidade); note-se que, para além de hospitais EPE e centros de saúde EPE, o diploma abrange pelo menos uma Unidade Local de Saúde de Matosinhos, E.P.E. (anterior Hospital Pedro Hispano, S.A.).

Destaque-se, nos termos do Decreto-Lei n.º 233/2005, de 29 de Dezembro, em termos de regime jurídico aplicável: a sujeição às normas do direito privado da aquisição de bens e serviços e da contratação de empreitadas, sem prejuízo da aplicação do regime do direito comunitário relativo à contratação pública (Artigo 13.º); a aplicação ao pessoal destas unidades hospitalares do regime do contrato individual de trabalho e, em simultâneo, um regime transitório para o pessoal em relação ao qual já exista uma relação jurídica de emprego público, com os correspondentes regimes de protecção social ie, em princípio o regime geral da segurança social, provisoriamente, o regime da função pública (Artigos 14.º e 15.º).

b) Nova concepção do hospital como unidade de saúde

Não é possível avaliar os processos de reestruturação dos hospitais, do ponto de vista da natureza jurídica, sem ter em consideração a própria evolução em termos de entendimento do papel do hospital, no quadro de um sistema de saúde. Está muito em voga falar-se de uma nova concepção do Hospital, como unidade de prestação de cuidados de saúde. No seu novo papel, o hospital deve funcionar como *reserva*, dando-se prioridade aos outros níveis de prestadores de cuidados de saúde (sobretudo, unidades de menor dimensão e que funcionem junto às populações, estando ligadas em rede, entre si e com o hospital). Esta nova filosofia dá especial relevo à lógica da medicina preventiva, procurando inverter a lógica tradicional que é a de *tratar quem chega*, passando antes a *prevenir* e a evitar. Por outro lado, salienta-se a relevância de sistemas *ambulatórios* de prestação de cuidados de saúde, fora do hospital (em última instância, concebendo-se até a possibilidade de sistemas de urgência ao domicílio). Sintomático desta nova concepção é o progressivo abandono, como índices de avaliação de desempenho, de factores como o número elevado de camas e de admissões, os quais são sintomas tradicionais de eficiência (nos *hospitais virtuais*, de que se começa a falar, obviamente, não são as admissões que contam mas os *outputs*). Repensa-se, também, a própria estrutura interna do hospital e o tradicional modelo assente no *serviço de especialidade* como célula base do hospital, acentuando-se a necessidade de multidisciplinaridade permanente. Tudo isto implica também repensar a própria relação laboral do médico com o hospital e a redefinição das tarefas tradicionalmente repartidas entre os médicos e os demais profissionais de saúde.

Legislação:

– Lei n.º 27/2002, de 8 de Novembro, regulamentada pelo Decreto--Lei n.º 188/2003, de 20 de Agosto (aprova o regime jurídico da gestão hospitalar)

– Decreto-Lei n.º 93/2005, de 7 de Junho (determina a transformação em entidades públicas empresariais de 31 unidades de saúde às quais havia sido atribuído o estatuto de sociedade anónima de capitais exclusivamente públicos)

– Decreto-Lei n.º 233/2005, de 29 de Dezembro (transforma em entidades públicas empresariais, entre outros, os hospitais com a natureza de sociedade anónima e aprova os respectivos estatutos)
– Decreto-Lei, de 11 de Janeiro de 2006 (atribui o Estatuto de EPE a 8 novas unidades hospitalares)
– Decreto-Lei n.º 558/99, de 17 de Dezembro, com as alterações introduzidas pelo Decreto-Lei n.º 300/2007, de 23 de Agosto (regime jurídico do sector empresarial do Estado)

Sugestões bibliográficas:

MARIA JOÃO ESTORNINHO, *A Fuga para o Direito Privado*, Almedina, Coimbra, 1996.
EDUARDO PAZ FERREIRA, *Aspectos Gerais do Novo Regime do Sector Empresarial do Estado,* in *Estudos sobre o Novo Regime do Sector Empresarial do Estado*, Almedina, Coimbra, 2000, pp. 9 e ss..
JORGE COUTINHO DE ABREU, *Sociedade Anónima, a Sedutora (Hospitais, S.A., Portugal, S.A.)*, IDET, Almedina, Coimbra, 2003.
JOÃO CAUPERS, *Introdução ao Direito Administrativo*, Ed. Âncora, Lisboa, 8ª ed., 2005, pp. 105 e ss..
DIOGO FREITAS DO AMARAL, *Curso de Direito Administrativo*, Almedina, Coimbra, Vol. I, 3ª ed., 2006, pp. 383 e ss..

Sugestões de trabalhos:

1. Tendo presente a Lei n.º 27/2002, de 8 de Novembro, que aprova o regime jurídico da gestão hospitalar e o Decreto-Lei n.º 188//2003, de 20 de Agosto que veio, em função do novo regime da gestão hospitalar, estabelecer o regime jurídico aplicável aos hospitais do sector público administrativo (SPA), traçar a evolução do regime jurídico aplicável aos hospitais públicos tradicionalmente qualificados como *estabelecimentos públicos*.
2. Comparar, do ponto de vista da natureza jurídica e do regime de gestão aplicável, diversos hospitais, por exemplo, o Hospital de São Sebastião, em Santa Maria da Feira, e o Hospital Amadora--Sintra.
v., entre outros, www.hospitaisepe.min-saude.pt

3. Em 9 de Dezembro de 2002, uma série de diplomas vieram atribuir a natureza de sociedade anónima de capitais públicos a diversos hospitais. V. Decreto-Lei n.º 272/2002, de 9 de Dezembro (e também 273/2002 a 281/2002, todos de 9 de Dezembro, 282/2002 a 292/2002, todos de 10 de Dezembro e 293/2002 a 302/2002, todos de 11 de Dezembro).
Posteriormente, o Decreto-Lei n.º 207/2004, de 19 de Agosto e o Decreto-Lei n.º 214/2004, de 23 de Agosto, criaram respectivamente, também como sociedades anónimas de capitais públicos, o Centro Hospitalar do Baixo Alentejo, S.A., e o Centro Hospitalar Barlavento Algarvio, S.A.
Analisar alguns desses estatutos, prestando atenção à questão das receitas (apurando em que medida resultavam do pagamento dos serviços prestados a terceiros ou do pagamento de taxas moderadoras).
4. Aprofundar as características do modelo de unidades hospitalares de saúde públicas, com grande autonomia de gestão, de tipo empresarial, num quadro de *mercado administrativo.*
5. Consular, no site dos hospitais EPE, www.hospitaisepe.min-saude.pt, os relatórios e as contas dos hospitais EPE de 2003, 2004 e 2005.
6. Verificar as tarefas do SUCH, Serviço de Utilização Comum dos Hospitais (presta serviços de apoio aos hospitais e foi criado pelo Decreto-Lei n.º 46 668, de 24 de Novembro de 1965, como pessoa colectiva de direito privado sem fins lucrativos, de carácter associativo, contando com associados públicos e privados do Sistema de Saúde português).

13ª Lição

Tema: As atribuições autárquicas em matéria de saúde

SUMÁRIO: **1.** As atribuições autárquicas em matéria de saúde. **2.** A organização da administração autárquica (serviços directos, serviços municipalizados, administração indirecta das autarquias, entidades autárquicas sob forma privada, empresas municipais); **3.** Sistemas locais de saúde. **4.** Tutela do Estado sobre as autarquias; poderes do Estado no caso de funções partilhadas e delegadas.

Tópicos

a) O carácter nacional do SNS e o papel das colectividades territoriais

Natureza discutível, à luz do carácter *nacional* do SNS, do papel das colectividades territoriais na prestação de cuidados de saúde (nesse sentido, GOMES CANOTILHO/VITAL MOREIRA admitindo, antes, a possibilidade de delegação de tarefas do SNS nessas colectividades ou a celebração de parcerias público-públicas; v. CRP anotada, cit., anotação ao Art.º 64.º).

b) A transferência de atribuições do Estado para as autarquias locais em matéria de saúde

O processo em curso de transferência de atribuições do Estado em matéria de saúde, a par da educação e da defesa ambiental, para as autarquias locais.

Legislação:

– Lei n.º 169/99, de 18 de Setembro, modificada pela Lei n.º 5-A/
/2002, de 11 de Janeiro (competências e funcionamento das autarquias
locais)
– Lei n.º 159/99, de 14 de Setembro (transferências de atribuições
e competências para as autarquias locais)
– Lei n.º 27/96, de 1 de Agosto (tutela do Estado sobre as autarquias)
– Lei n.º 11/2003, de 13 de Maio (regime das comunidades intermunicipais de direito público)

Sugestões bibliográficas:

João Caupers, *Introdução ao Direito Administrativo*, Ed. Âncora, Lisboa,
  8ª ed., 2005, pp. 112 e ss..
Diogo Freitas do Amaral, *Curso de Direito Administrativo*, Almedina,
  Coimbra, Vol. I, 3ª ed., 2006, pp. 479 e ss..

Sugestões de trabalhos:

1. Análise da evolução das unidades e das redes de saúde locais.

14ª Lição

Tema: O exercício privado de funções de serviço público de saúde

SUMÁRIO: **1.** O exercício privado de funções administrativas na área da saúde; **2.** Formas de «delegação» de tarefas administrativas na área da saúde a privados (a concessão e outras formas de gestão privada de serviços públicos); **3.** As parcerias público-privadas na saúde; **4.** O exercício privado de poderes de autoridade (poder regulamentar, poderes de polícia, poderes sancionatórios); **5.** As pessoas colectivas de utilidade pública administrativa.

Tópicos

a) Parcerias público-privadas na área da saúde

O Decreto-Lei n.º 185/2002, de 20 de Agosto, definiu o regime jurídico das parcerias em saúde com gestão e financiamento privados. Pretendendo-se aprofundar as experiências de gestão empresarial e mobilizar o investimento privado e social na saúde, abriu-se a possibilidade de, no âmbito do SNS, se estabelecerem parcerias público-privadas, com a concessão da gestão de unidades de cuidados de saúde a privados.

O contrato de gestão tem natureza concessória (contrato de concessão de serviço público?), associando privados à prossecução do serviço público de saúde com transferência e partilha de riscos. Pode também ter por objecto a concepção, construção, financiamento, conservação e exploração do estabelecimento.

Cabe à entidade pública concedente regulamentar e fiscalizar a gestão, para assegurar a regularidade, continuidade e qualidade das prestações de saúde, bem como a comodidade e segurança dos utentes.

Legislação:

– Decreto-Lei n.º 185/2002, de 20 de Agosto (define o regime jurídico das parcerias público-privadas em saúde com gestão e financiamentos privados)
– Decreto-Lei n.º 86/2003, de 26 de Abril (define normas especiais aplicáveis às parcerias público-privadas)
– Decreto Regulamentar n.º 10/2003, de 28 de Abril (aprova as condições gerais dos procedimentos prévios à celebração dos contratos de gestão para o estabelecimento de parcerias de saúde)
– Decreto Regulamentar n.º 14/2003, de 30 de Junho (aprova o caderno de encargos tipo dos contratos de gestão que envolvam as actividades de concepção, construção, financiamento, conservação e exploração de estabelecimentos hospitalares)
– Decreto-Lei n.º 13/93, de 15 de Janeiro (regula a criação e fiscalização das unidades privadas de saúde)
– Decreto-Regulamentar n.º 63/94, de 2 de Novembro (organização e funcionamento de unidades privadas de saúde)

Sugestões bibliográficas:

MARIA JOÃO ESTORNINHO, *A Fuga para o Direito Privado*, Almedina, Coimbra, 1996.
MARIA JOÃO ESTORNINHO, Direito Europeu dos Contratos Públicos, Almedina, Coimbra, 2006.
MARCELO REBELO DE SOUSA, Lições de Direito Administrativo, Lex, Lisboa, 1999, pp. 477 e ss..
VITAL MOREIRA, *Administração Autónoma e Associações Públicas*, Coimbra Editora, Coimbra, 1997, cap. 2.7.1.
PAULO OTERO, *Vinculação e Liberdade de Conformação Jurídica do Sector Empresarial do Estado,* Coimbra Editora, Coimbra, 1998.

PEDRO GONÇALVES, *Entidades Privadas com Poderes Públicos*, Almedina, Coimbra, 2005.

LIGNIÈRES /LAZAR, *Les Nouveaux Contrats du Secteur Hospitalier*, in *Dossier les Montages Complexes,* in *Contrats Publics – l'Actualité de la Commande et des Contrats Publics*, Le Moniteur, Paris, 2004, pp. 67 e ss..

Sugestões de trabalhos:

1. Levantamento de exemplos de entidades privadas que colaboram com a Administração Pública na prossecução do interesse público na área da saúde.
2. Avaliação de exemplos de programas especiais de colaboração de entidades privadas no *serviço público* de saúde (ex. Resolução do Conselho de Ministros n.º 100/2002, de 25 de Maio – Aprova o Programa Especial de Combate às Listas de Espera Cirúrgicas).
3. Simulação da negociação e celebração de uma parceria público--privada em matéria de saúde.

15ª Lição

Tema: As Faculdades de Medicina e afins

SUMÁRIO: **1.** Natureza jurídica das Universidades Públicas; **2.** As Universidades privadas e o *serviço público de educação*; **3.** O papel das Faculdades de Medicina e afins.

Tópicos

a) O ensino da medicina

Tem vindo a ser afirmada a necessidade de reestruturação do próprio ensino da medicina, reconhecendo-se a cada vez maior relevância de três dimensões distintas na formação do médico: o conhecimento médico/ /científico, a capacidade de comunicação (com os doentes, com a equipa...) e a capacidade de organização (cada vez mais o médico trabalha em grupo). A necessidade de, nessa formação, ter em conta os novos desafios éticos e as questões jurídicas envolvidas. E, finalmente, a necessidade de reciclagem e de actualização permanente do médico.

b) Hospitais universitários

O Decreto-Lei n.º 206/2004, de 19 de Agosto, regula o regime dos hospitais universitários, tendo em atenção a questão da interligação entre o exercício clínico e as actividades de formação e de investigação no domínio do ensino dos profissionais de saúde (estão em causa áreas como a medicina, a enfermagem, a farmacêutica e das tecnologias da saúde).

O referido regime jurídico abrange hospitais mas também entidades integradas na rede de prestação de cuidados de saúde primários e de cuidados continuados e, ainda, instituições do sector social ou privado, sendo tal colaboração prestada nos termos de protocolos.

O *hospital com ensino universitário* é caracterizado como sendo aquele em que a totalidade ou a maioria dos serviços participe em actividades de ensino.

Legislação

Decreto-Lei n.º 206/2004, de 19 de Agosto (estabelece o regime jurídico dos hospitais com ensino pré-graduado e de investigação científica)

Sugestões bibliográficas:

JORGE MIRANDA, *As Associações Públicas no Direito Português*, Cognitio, Lisboa, 1985.

MARCELO REBELO DE SOUSA, *A Natureza Jurídica da Universidade*, Europa-América, Mem Martins, 1992.

VITAL MOREIRA, *Administração Autónoma e Associações Públicas*, Coimbra Editora, Coimbra, 1997, pp. 367-369.

MARIA JOÃO ESTORNINHO, *Natureza jurídica da actividade desenvolvida pelos estabelecimentos particulares de ensino, à luz de uma concepção funcional de serviço público de educação,* (entregue para publicação nos *Estudos em Homenagem ao Senhor Professor Doutor Sousa Franco*)

Sugestões de trabalhos:

1. Visita de estudo a um hospital universitário.
2. Investigação sobre o papel das Faculdades de Medicina na formação contínua dos médicos e nos sistemas europeus de acreditação.
3. Resolução de casos práticos sobre regimes de protecção de direitos de doentes de hospitais universitários.

16ª Lição

Tema: As Ordens Profissionais

Sumário: **1.** As Associações Públicas e a administração autónoma; **2.** As Ordens Profissionais em especial; **3.** Tutela do Estado sobre a administração autónoma. **4.** As Ordens Profissionais na área da saúde.

Legislação:

Ordem dos Médicos (www.ordemdosmedicos.pt)
– Decreto-Lei n.º 282/77, de 5 de Julho (Aprova o Estatuto da Ordem dos Médicos)

Ordem dos Enfermeiros (www.ordemenfermeiros.pt)
– Decreto-Lei n.º 104/98, de 21 de Abril (Cria a Ordem dos Enfermeiros e aprova os respectivos Estatutos)

Ordem dos Farmacêuticos (www.ordemfarmaceuticos.pt)
– Decreto-Lei n.º 228/2001, de 10 de Novembro (Aprova o novo Estatuto da Ordem dos Farmacêuticos)

Ordem dos Médicos Dentistas (www.omd.pt)
– Lei n.º 44/2003, de 22 de Agosto (aprova alterações ao Estatuto da Ordem dos Médicos Dentistas)

Sugestões bibliográficas:

JORGE MIRANDA, *As Associações Públicas no Direito Português*, Cognitio, Lisboa, 1985.
VITAL MOREIRA, *Administração Autónoma e Associações Públicas*, Coimbra Editora, Coimbra, 1997, cap. 2.
VITAL MOREIRA, *Auto-Regulação Profissional e Administração Pública*, Almedina, Coimbra, 1997.
GERMÁN FERNÁNDEZ FARRERES, *La Ordenación de las Profesiones Sanitarias*, in PAREJO ALFONSO e outros, *La Reforma del Sistema Nacional de Salud*, Marcial Pons, Madrid, 2004, pp. 285 e ss..

Sugestões de trabalhos:

1. Levantamento dos regimes de inscrição nas diversas Ordens Profissionais na área da saúde (relações entre as Universidades e as Ordens Profissionais).
2. O controlo da actividade dos profissionais de saúde pelas respectivas Ordens Profissionais.

17ª Lição

Tema: A Entidade Reguladora da Saúde (ERS)
http://www.ers.min-saude.pt

SUMÁRIO: **1.** O papel das autoridades administrativas independentes e o seu enquadramento constitucional. O caso da Entidade Reguladora da Saúde. **2.** O estatuto das autoridades administrativas independentes: **2.1.** Espécies de autoridades independentes, de acordo com as respectivas funções (autoridades de garantia de direitos fundamentais, autoridades parajudiciais e autoridades reguladoras); **2.2.** Os factores da *independência* (critérios de nomeação, incompatibilidades, inamovibilidade, irresponsabilidade, inexistência de sujeição a ordens); **2.3.** Os poderes das autoridades independentes (normativos, administrativos, parajurisdicionais); **2.4.** Regime jurídico aplicável. **3. (cont.)** A Entidade Reguladora da Saúde (em especial, o Decreto-Lei n.º 309/2003, de 10 de Dezembro).

Tópicos

a) **Saúde e regulação: para um conceito de *regulação endógena?***

Na lógica do novo paradigma do *Estado Regulador,* o Estado assume um novo papel no sector da saúde. A reforma estrutural do serviço nacional de saúde e os fenómenos de privatização e liberalização não são sinónimo de desregulação pura e simples. Onde anteriormente o Estado era, em simultâneo, o prestador, o financiador e o fiscalizador, hoje existe, em larga medida, uma separação entre a prestação dos cuidados de saúde e o respectivo financiamento. Assim, pese embora continuando a actuar, em muitos casos, como *operador*, a verdade é que o Estado se assume essencialmente como *garantidor* (enquanto financiador) e como *regulador*.

Diversifica-se o *mercado de saúde* (com operadores públicos, privados e sociais) e com novos mecanismos de gestão, sendo especialmente significativos os mecanismos de contratualização e as Parcerias Público--Privadas. (v. Decreto-Lei n.º 185/2002, de 20 de Agosto, regime jurídico das parcerias público-privadas em saúde com gestão e financiamentos privados).

Do ponto de vista da regulação, isto significa que, mais do que regular as relações entre terceiros (empresas e consumidores), no caso da saúde, o Estado estabelece contratos em que aparece como uma das partes (e, como contrapartida do financiamento, o Estado faz exigências contratuais de qualidade, desempenho, condições de acesso que, no fundo, funcionam como formas de regulação). É possível, a este propósito, falar em *regulação endógena* (por contraposição a uma regulação exterior).

Não esquecer as tarefas de regulação exercidas por autoridades reguladoras, de natureza independente (e, assim, não directamente pelo Estado). Em termos históricos, ter presente, a origem das *Independent Agencies* e das *Independent Regulatory Comissions* (por exemplo, em 1887, a *Interstate Commerce Commission* e, em 1933-1934 a *Securities and Exchange Commission*)[11].

Como propósitos da tarefa de regulação[12] da saúde, apontam-se, entre outras: garantir a concorrência; colmatar falhas de mercado; combater «externalidades negativas» da economia de mercado, tais como, por ex., prejuízos para a saúde pública ou danos ambientais; proteger os consumidores; garantir as obrigações de serviço público). À Entidade Reguladora da Saúde, têm sido atribuídas as seguintes tarefas: garante da existência de concorrência; garante da qualidade dos serviços prestados; certificação das unidades de saúde; defesa dos direitos fundamentais dos cidadãos: equidade no acesso, qualidade dos serviços; regulação de preços.

---

[11] V. MARIA FERNANDA MAÇÃS, *O Controlo Jurisdicional das Autoridades Reguladoras Independentes*, in CJA, n.º 58, 2006, pp. 21 e ss., p. 21.

[12] V. MARIA MANUEL LEITÃO MARQUES/VITAL MOREIRA, *A Mão Visível – Mercado e Regulação*, Almedina, Coimbra, 2003, pp. 13 e 14.

b) A Entidade Reguladora da Saúde: um exemplo de *regulação exógena*?

O Programa do XV Governo Constitucional previu a criação de uma autoridade reguladora para o sector da saúde e quer o Decreto-Lei n.º 185/ /2002, de 20 de Agosto (regime jurídico das parcerias público-privadas em saúde com gestão e financiamentos privados), quer o Decreto-Lei n.º 60/2003, de 1 de Abril (rede de cuidados de saúde primários), previram igualmente a intervenção de uma entidade reguladora sectorial para o sistema de saúde, no que respeita a casos de participação ou cooperação de entidades privadas ou sociais no âmbito do serviço público de saúde.

Vale a pena ter presente o contexto invocado no Preâmbulo do Decreto-Lei n.º 309/2003, de 10 de Dezembro, para justificar a criação da ERS: a reforma em curso do sector da saúde; a diversidade das entidades (sector público, privado e social) do Serviço Nacional de Saúde (SNS), integradas nas redes nacionais de cuidados primários, hospitalares e continuados; a autonomia de gestão, de tipo empresarial, num quadro de «mercado administrativo» (uma vez que tal diploma é contemporâneo da experiência dos hospitais públicos S.A.); as parcerias público-privadas ao nível da gestão de hospitais do SNS; a previsão da abertura da possibilidade de gestão dos centros de saúde a grupos de profissionais ou entidades privadas;

Ou seja, nesse contexto muitas das entidades deixaram de estar sujeitas ao «comando administrativo» do Governo, sendo certo, também, que a lógica de gestão empresarial propicia um ambiente de «competição» cujos efeitos indesejáveis devem ser prevenidos e corrigidos por uma entidade externa. Assim, a opção foi a de criar um sistema de regulação assente nos seguintes princípios: separação entre a função do Estado como regulador e supervisor, em relação às de operador e financiador, criando uma entidade especificamente destinada à função de regulação; distinção entre uma função de regulação «secundária» e de supervisão técnico-administrativa e económica e, por outro lado, uma função de orientação estratégica das políticas para o sector, a qual compete ao Governo; criação de um organismo regulador independente (orgânica e funcionalmente e ainda em relação aos operadores do sector); existência de mecanismos de responsabilização pública da entidade reguladora (nomeadamente através de exigências de transparência, de procedimentalização e de fundamentação de decisões, bem assim como de elaboração de um relatório anual).

c) **O Decreto-Lei n.º 309/2003, de 10 de Dezembro (traços fundamentais do regime jurídico da ERS)**

A ERS é uma pessoa colectiva de direito público, dotada de autonomia administrativa e financeira e de património próprio.

É interessante reflectir sobre o sentido da *independência* (Artigo 4.º) – independência orgânica (por ex., o mandato é longo, sem possibilidade de destituição, a não ser em caso de falta grave), independência funcional em relação ao Governo e independência em face dos operadores (por ex., através de incompatibilidades e de períodos de «quarentena» a seguir à cessação de funções) –, e o facto de, sem prejuízo da independência orgânica e funcional, a ERS estar sujeita a tutela dos Ministros da Saúde e das Finanças (Artigo 39.º).

Diversidade de vínculos à ERS: nos termos do Artigo 15.º, os membros do Conselho Directivo estão sujeitos ao estatuto do gestor público; nos termos do Artigo 58.º, aplica-se ao estatuto do pessoal o regime do contrato individual de trabalho (pese embora matizado com o regime das incompatibilidades e acumulações dos funcionários e também com o regime do procedimento público de recrutamento, o que suscita questões interessantes quanto à natureza jurídica do vínculo laboral em causa).

Fundamental é o disposto no Artigo 6.º, relativamente às atribuições da ERS (regulação, supervisão e acompanhamento dos prestadores de cuidados de saúde), invocando-se também, em nome da defesa dos utentes, a garantia da concorrência entre os operadores. No Artigo 8.º estabelece-se quais as entidades que estão sujeitas a regulação, acentuando-se que tal regulação é independente da natureza jurídica da entidade.

Para a questão dos *poderes* e *procedimentos regulatórios* tenham-se presentes os Artigos 25.º e ss., nomeadamente o Artigo 26.º, relativo aos poderes «regulamentares» e o Artigo 29.º, relativo à competência para proceder ao registo público de entidades privadas prestadoras de cuidados de saúde. Fundamentais são as competências de fiscalização, as competências relativas a tentativas de conciliação ou arbitragem e, nos termos dos Artigos 43.º e ss., as competências relativas a procedimentos sancionatórios de determinadas infracções.

Finalmente, tenha-se presente o Artigo 42.º, nos termos do qual, a actividade de natureza administrativa da ERS fica sujeita a *controlo dos tribunais administrativos*, ao passo que as sanções aplicadas devido a infracções contra-ordenacionais ou as decisões de natureza arbitral são recorríveis para os tribunais comuns.

Esta solução indicia que as decisões da ERS, quando intervém para resolver litígios entre privados, têm natureza materialmente arbitral (e não de acto administrativo). Assim, a decisão da ERS consubstancia uma decisão arbitral, com força de caso julgado e força executiva de 1ª instância, passível de recurso para os tribunais judiciais, nos termos da Lei da Arbitragem.

Legislação

– Decreto-Lei n.º 309/2003, de 10 de Dezembro (cria a ERS)
– Portaria n.º 418/2005, de 14 de Abril (aprova o regulamento interno da organização e funcionamento dos serviços da ERS)

Sugestões bibliográficas

VITAL MOREIRA, *Administração Autónoma e Associações Públicas*, Coimbra Editora, Coimbra, 1997, pp. 126-137.
VITAL MOREIRA, *Auto-Regulação Profissional e Administração Pública*, Almedina, Coimbra, 1997.
VITAL MOREIRA/FERNANDA MAÇÃS, *Autoridades Reguladoras Independentes. Estudo e projecto de Lei-Quadro*, Coimbra Editora, Coimbra, 2003.
MARIA MANUEL LEITÃO MARQUES/VITAL MOREIRA, *A Mão Visível – Mercado e Regulação*, Almedina, Coimbra, 2003.
MARIA FERNANDA MAÇÃS/LUIS GUILHERME CATARINO/JOAQUIM CARDOSO DA COSTA, *O Contencioso das Decisões das Entidades Reguladoras do Sector Económico-Financeiro*, in *Estudos de Regulação Pública*, I, Coimbra Editora, Coimbra, 2004.
MARIA FERNANDA MAÇÃS, *O Controlo Jurisdicional das Autoridades Reguladoras Independentes*, in CJA, n.º 58, 2006, pp. 21 e ss..

Sugestões de trabalhos:

1. Traçar, em termos de panorama de Direito Comparado, um quadro comparativo entre realidades tais como as «independant regulatory commissions» norte-americanas, as «regulatory agencies» britânicas, as «autorités administratives independantes» francesas, as «ministerialfreie Verwaltung» alemãs, as «autorità independenti» italianas, ou as «autoridades administrativas independientes» espanholas, tendo em conta, sobretudo, o sector da saúde.

2. Delimitação do âmbito de actuação da ERS, em face de outras entidades: Inspecção-Geral de Saúde, Alto Comissário da Saúde, Ordens profissionais, Autoridade da Concorrência ou Instituto da Qualidade em Saúde, (cujo regulamento foi aprovado pela Portaria n.º 288/99, de 27 de Abril).

Tenha-se presente que o IQS tem por tarefa a definição de normas e estratégias que visem a melhoria na prestação de cuidados de saúde (investigação científica; estabelecimento de protocolos com entidades na área da acreditação) e que teve um papel fundamental (de acompanhamento técnico e administrativo dos processos de acreditação), em 1999, quando Portugal aderiu ao movimento de acreditação dos hospitais públicos com base no modelo britânico do *Kings Fund* (em 2003, com a natureza empresarial dos hospitais públicos, tal acreditação passou a ser feita com base no modelo *Joint Commission International*).

Para a questão da concertação entre níveis de regulação diversos, v. BARBOU DES PLACES, Contribution(s) du Modèle de Concurrence Régulatrice à l'Analyse des Modes et Niveaux de Régulation, in Revue Française de l'Administration Publique, n.º 109, 2004, pp. 37 e ss. e JACQUES ZILLER, L'Interrégulation dans le Contexte de l'Intégration Européenne et de la Mondialisation, in Revue Française d'Administration Publique, ENA, n.º 109, 2004, pp. 17 e ss..

3. Debate em torno de questões actuais (e polémicas):
   a) formas de financiamento da ERS (contribuições, taxas, impostos? pessoas singulares e pessoas colectivas? prestadores de cuidados de saúde públicos e privados?);
   b) princípio da separação de poderes e concentração de poderes normativos, sancionatórios e para-jurisdicionais nas entidades reguladoras;
   c) princípio do Estado de Direito democrático e modo (défice?) de legitimação e controlo (*accountability*) das autoridades reguladoras.

18ª Lição

Tema: As entidades de natureza consultiva na área da saúde

> SUMÁRIO: **1.** As funções da Administração *consultiva*; **2.** Espécies de órgãos consultivos; **3.** Formas de designação dos titulares dos órgãos; **4.** Regime jurídico; **5.** Os órgãos consultivos na área da saúde; **6.** O Conselho Nacional de Saúde (Art.º 24.º da Lei Orgânica do Ministério da Saúde); **7.** O Conselho Nacional de Combate à Droga e à Toxicodependência (que funciona junto do Instituto da Droga e da Toxicodependência, I.P.) **8.** O Conselho Nacional de Ética para as Ciências da Vida, os Centros de Reflexão e as Comissões de Ética para a Saúde.

Tópicos

a) As Comissões de Ética para a Saúde

Existem, em geral, dois tipos de Comissões Éticas para a Saúde: as Comissões de Ética de Investigação Clínica (*Institutional Review Board*), às quais cabe analisar questões relacionadas com projectos de investigação ou com ensaios de medicamentos, e as Comissões de Ética Clínica ou Assistencial (*Institutional Ethics Committees*), vocacionadas para analisar os conflitos e dilemas éticos, ao nível das relações entre os profissionais de saúde e os pacientes, suscitados pela prática clínica.

As Comissões de Ética para a Saúde, nos termos do Decreto-Lei n.º 97/95, de 10 de Maio, não são dotadas de personalidade jurídica, funcionam junto das instituições e serviços de saúde públicos e unidades privadas de saúde, e têm natureza mista, exercendo os dois tipos de funções acima referidos.

Nos termos dos Artigos 6.º e 7.º do referido diploma, as CES exercem sobretudo funções consultivas e os seus pareceres não têm, em princípio, natureza vinculativa. Ressalva-se, no entanto, o caso da realização de *ensaios clínicos* que envolvam seres humanos, em relação aos quais se exige parecer favorável das CES (v. Decreto-Lei n.º 97/94, de 9 de Abril, nos termos de cujo Artigo 1.º se entende por *ensaio clínico* todo o estudo sistemático com medicamentos a realizar em seres humanos, saudáveis ou doentes, com o objectivo de investigar ou verificar os efeitos, ou identificar qualquer efeito secundário dos medicamentos, ou estudar a sua absorção, distribuição, metabolismo e excreção, a fim de determinar a sua eficácia e segurança).

c) Conselho Nacional de Ética para as Ciências da Vida (www.cnecv.gov.pt)

Interessante é a questão da articulação entre os três níveis de controlo da actividade médica, sob o ponto de vista ético, existentes em Portugal: o Conselho Nacional de Ética para as Ciências da Vida, criado em 1990, junto da Presidência do Conselho de Ministros, os Centros de Reflexão e as Comissões de Ética para a Saúde.

Por outro lado, coloca-se também o problema da articulação destas entidades nacionais com entidades de outros países, no quadro, por exemplo, de *ensaios clínicos multicêntricos* (ou seja, ensaios clínicos realizados por centros de investigação diferentes e, assim, por diversos investigadores, podendo os centros de ensaio situar-se num único país ou, pelo contrário, em vários países).

A *Directiva 2001/20/CE, de 4 de Abril de 2001,* prevê a existência, em cada Estado-membro, de um *Comité de Ética* (o qual, no caso de *ensaios clínicos multicêntricos*, elaborará o parecer único do respectivo Estado-membro, sendo certo que, no caso de tais ensaios, haverá tantos pareceres quantos os Estados-membros envolvidos). O projecto de transposição da Directiva apresentado pelo INFARMED propôs uma Comissão de Ética para a Investigação Clínica.

Sugestões bibliográficas:

MARIA MANUEL LEITÃO MARQUES, *A Administração Consultiva em Portugal*, CES, Lisboa, 1996.

MARIA DO CÉU PATRÃO NEVES e DANIEL SERRÃO, *Comissões de Ética: das Bases Teóricas à Actividade Quotidiana*, 2ª ed., Gráfica de Coimbra, Coimbra, 2002.

SÓNIA FIDALGO e outros, *Comissões de Ética para a Saúde. O seu papel no âmbito da Directiva 2001/20/CE*, in *Lex Medicinae. Revista Portuguesa de Direito da Saúde*, n.º 1, 2004, pp. 107 e ss..

Sugestões de trabalhos:

1. Analisar pareceres concretos dados por tais entidades.
   www.cnecv.gov.pt
   ex. Parecer sobre o projecto de Lei n.º 28/IX (BE) «Informação Genética Pessoal e Informação de Saúde» (43/CNECV/2004); Parecer sobre a execução do teste de detecção do VHI após exposição ocupacional (49/CNECV/2006)
2. Tendo presente o papel que as Comissões de Ética para a Saúde desempenham no que toca, por exemplo, à autorização (da competência das Direcções Clínicas ou dos Conselhos de Administração das unidades de saúde em causa) da realização de trabalhos de investigação que envolvam o contacto com doentes da instituição (a fim de, por exemplo, realizar inquéritos) ou a consulta de processos clínicos (com vista à recolha de dados, por exemplo, para fins estatísticos), reflectir sobre a necessidade de acautelar determinados direitos fundamentais dos doentes, nessas situações, sobretudo relacionados com a privacidade (que obrigações impor? Sigilo, confidencialidade, anonimato, necessidade de consentimento ...).
3. Artigo 21.º do Estatuto dos Estatutos dos Hospitais E.P.E. (Decreto-lei n.º 233/2005, de 29 de Dezembro) prevê a existência em cada hospital de *Comissões de apoio técnico,* órgãos de natureza consultiva, devendo existir imperativamente as seguintes comissões: de *ética,* de *humanização e qualidade dos serviços,* de *controlo da infecção hospitalar* e da *farmácia e terapêutica*

4. Reflectir sobre as maiores exigências de participação por parte dos utentes que reclamam maior presença institucional no sistema de saúde, maior democratização das escolhas em termos de saúde pública e maior abertura dos debates éticos aos cidadãos.

19ª Lição

Tema: Órgãos de controlo da Administração da saúde

SUMÁRIO: **1.** Espécies de controlo da Administração; **2.** Os Serviços de Inspecção; **3.** O Provedor de Justiça; **4.** As Autoridades Administrativas Independentes (remissão) **5.** O Tribunal de Contas. **6.** Os Tribunais Administrativos.

Sugestões bibliográficas:

SOUSA FRANCO, *O Controlo da Administração em Portugal*, Revista do Tribunal de Contas, 1993, pp. 115 e ss..

FERNANDO XAREPE SILVEIRO, *O Tribunal de Contas, as Sociedades Comerciais e os Dinheiros Públicos*, Coimbra Editora, Coimbra, 2003.

ANA RAQUEL GONÇALVES MONIZ, *Responsabilidade Civil Extracontratual por Danos Resultantes da Prestação de Cuidados de Saúde em Estabelecimentos Públicos: O Acesso à Justiça Administrativa*, FDUC, Centro de Direito Biomédico, n.º 7, Coimbra Editora, Coimbra, 2003.

Sugestões de trabalhos:

1. Análise de relatórios do Tribunal de Contas sobre os Hospitais S.A.
2. Realização de fichas de jurisprudência de Acórdãos do Supremo Tribunal Administrativo sobre questões de saúde.

PARTE IV
O Sistema Nacional de Saúde e a renovação dos quadros dogmáticos tradicionais da Teoria da Organização Administrativa

20ª Lição: Por uma redefinição do universo da Administração Pública (em sentido orgânico).

21ª Lição: A responsabilidade por acto médico (em estabelecimento público de saúde)

20ª Lição

Tema: Por uma redefinição do universo da Administração Pública (em sentido orgânico).

> SUMÁRIO: **1.** Administração Pública: unidade ou pluralidade (*einheit der Verwaltung/ plurale Verwaltung*)? **2.** A redefinição orgânica da Administração Pública **3.** Modos de gestão de serviços administrativos; **3.** Modalidades de relação laboral e de prestação de serviços na Administração Pública.

Tópicos

a) Longe vão os tempos do Estado Providência (intervencionista, prestador de bens e serviços, dotado de uma máquina que se foi progressivamente tornando gigantesca, tentacular, burocratizada, ineficiente, esbanjadora dos recursos públicos), no qual as fronteiras entre o *público* e o *privado* eram (pelo menos teoricamente) claras, correspondendo a universos diferenciados que pautavam o seu comportamento por lógicas e regras distintas.

As entidades públicas – Estado, institutos públicos, empresas públicas, autarquias locais e associações públicas –, correspondendo ao universo da chamada Administração Pública em sentido orgânico, visavam a prossecução de fins de interesse público e caracterizavam-se, essencialmente, por se organizar sob a forma de *pessoas colectivas públicas* e por, regra geral, se sujeitarem ao Direito Administrativo.

b) O estudo da Organização Administrativa da Saúde permite comprovar que a ideia de unidade da Administração Pública é, na verdade, mera *reminiscência* do passado, manifestando-se através de *metáforas/ /relíquias* (IPSEN)[13] como a *personalidade jurídica do Estado* (*Staatsperson*), a *vontade do Estado* (*Staatswillen*) ou a u*nidade do poder do Estado* (*Einheit der Staatsgewalt*).

A uma sociedade e a um Estado *democráticos e plurais* (*demokratisch- -pluralistischen* Staat) deve necessariamente corresponder uma Administração Pública plural (*plurale Verwaltung*).

Tarefa essencial do Direito Administrativo é, precisamente, nos nossos dias, a de garantir o pluralismo na coordenação e cooperação entre as entidades de Administração Pública[14].

Legislação

– Decreto-Lei n.º 73/90, de 6 de Março (Aprova o regime das carreiras médicas)

– Decreto-Lei n.º 437/91, de 8 de Novembro (Aprova o regime geral da carreira de enfermagem)

Sugestões bibliográficas:

Marcelo Rebelo de Sousa/André Salgado de Matos, *Direito Administrativo Geral*, Tomo I, 2ª ed., Dom Quixote, Lisboa, 2006, pp. 47 e ss..

Jörn Ipsen, *Allgemeines Verwaltungsrecht*, 4ª ed., Carl Heymanns Verlag, Köln, 2005.

---

[13] Jörn Ipsen, *Allgemeines Verwaltungsrecht*, 4ª ed., Carl Heymanns Verlag, Köln, 2005, p. 88.

[14] v. Bull/Mehde, *Allgemeines Verwaltungsrecht mit Verwaltungslehre*, 7ª ed., C.F. Müller, Heidelberg, 2005, pp. 510 e ss., max. pp. 516 e ss, onde, a propósito das novas formas de organização da Administração Pública, fala de um princípio de responsabilidade descentralizada de uma Organização unitária (*Systems der dezentralen Verantwortung einer Organisationseinheit*), a qual pressupõe a existência de instrumentos apropriados de informação e regulação (*geeigneter Informations– und Steuerungsinstrumente*).

BULL/MEHDE, *Allgemeines Verwaltungsrecht mit Verwaltungslehre*, 7ª ed., C.F. Müller, Heidelberg, 2005, pp. 510 e ss., max. pp. 516 e ss..

FEDERICO CASTILLO BLANCO, *El Estatuto Marco del Personal Estatutario*, in PAREJO ALFONSO e outros, *La Reforma del Sistema Nacional de Salud*, Marcial Pons, Madrid, 2003, pp. 317 e ss..

Sugestões de trabalhos:

1. Avaliar os resultados das novas experiências no que respeita à GeRAP – Empresa de Gestão Partilhada de Recursos da Administração Pública (para prestar serviços no domínio de gestão de recursos humanos e financeiros) e à Agência Nacional de Compras Públicas (centralizando a aquisição de bens e a gestão do parque automóvel de todos os ministérios).
2. Análise do Decreto-Lei n.º 5/2007, de 8 de Janeiro (regime especial de contratação de empreitadas públicas e de aquisição ou locação de bens e serviços, aplicável às USF – Unidades de Saúde Familiar).
3. Análise do regime jurídico da carreira médica hospitalar.

21ª Lição

Tema: A responsabilidade por acto médico (em estabelecimento público de saúde)

SUMÁRIO: **1.** O acto médico como fonte de diversos tipos de responsabilidade. **2.** Regime da responsabilidade disciplinar do médico integrado em estabelecimentos públicos de saúde; **3.** A responsabilidade civil por dano decorrente de acto médico praticado em estabelecimento público de saúde. **4.** A competência dos tribunais administrativos. **5.** A arbitragem como meio alternativo de resolução de conflitos em matéria de responsabilidade médica.

Legislação:

– Decreto-Lei n.º 373/79, de 8 de Setembro (Estatuto do Médico)
– Decreto-Lei n.º 217/94, de 20 de Agosto (Estatuto Disciplinar)
– Decreto-Lei n.º 24/84, de 16 de Janeiro (responsabilidade administrativa/disciplinar)
– Código Deontológico dos Médicos (CDM), Estatuto da Ordem dos Médicos
– Artigos 150.º, 156.º, 157.º, 269.º e ss. do Código Penal

Sugestões bibliográficas:

JORGE SINDE MONTEIRO, *Aspectos Particulares da Responsabilidade Médica*, in *Direito da Saúde e Bioética*, Lex, Lisboa, 1991.

FREITAS DO AMARAL, *Natureza da Responsabilidade Civil por Actos Médicos Praticados em Estabelecimentos Públicos de Saúde*, in *Direito da Saúde e Bioética*, Lex, Lisboa, 1991, pp. 121 e ss..

MARCELO REBELO DE SOUSA, *Responsabilidade dos Estabelecimentos Públicos de Saúde: Culpa do Agente ou Culpa da Organização?*, in *Direito da Saúde e da Bioética*, AAFDL, 1996, pp. 145 e ss..

JOSÉ MANUEL SÉRVULO CORREIA, *As Relações Jurídicas de Prestação de Cuidados pelas Unidades de Saúde do Serviço Nacional de Saúde*, in *Direito da Saúde e da Bioética*, AAFDL, 1996, pp. 11 e ss..

MIGUEL TEIXEIRA DE SOUSA, *Sobre o Ónus da Prova nas Acções de Responsabilidade Civil Médica*, in *Direito da Saúde e da Bioética*, AAFDL, 1996, pp. 121 e ss..

GUILHERME DE OLIVEIRA, *Estrutura do Acto Médico. Consentimento Informado e Responsabilidade Médica*, in *Temas de Direito da Medicina*, Coimbra Editora, Coimbra, 1999, pp. 59 e ss..

MANUEL DA COSTA ANDRADE, *Anotação ao Art.º 150.º do Código Penal*, Comentário Conimbricence do Código Penal, Parte Especial, Tomo I, Coimbra Editora, Coimbra, 1999, p. 302.

JOÃO VAZ RODRIGUES, *O Consentimento Informado para o Acto Médico no Ordenamento Jurídico Português*, Centro de Direito Biomédico, FDUC, Coimbra, 2001.

ANDRÉ DIAS PEREIRA, Consentimento Informado na Relação Médico-Paciente, Centro de Direito Biomédico, FDUC, Coimbra, 2004.

ÁLVARO DA CUNHA GOMES RODRIGUES, *Consentimento Informado – Pedra Angular da Responsabilidade Criminal do Médico*, in *Direito da Medicina, I*, Centro de Direito Biomédico, FDUC, Coimbra, 200.

PEDRO SILVA CORDEIRO *Responsabilidade Médica Disciplinar no Serviço Nacional de Saúde*, in *Direito da Medicina, I*, Centro de Direito Biomédico, FDUC, Coimbra, 200.

ESPERANÇA PINA, *A Responsabilidade dos Médicos*, 3ª ed., Lidel, Lisboa, 2003.

ANA RAQUEL GONÇALVES MONIZ, *Responsabilidade Civil Extracontratual por Danos Resultantes da Prestação de Cuidados de Saúde em Estabelecimentos Públicos: O Acesso à Justiça Administrativa*, FDUC, Centro de Direito Biomédico, n.º 7, Coimbra Editora, Coimbra, 2003.

Sugestões de trabalhos:

1. Análise do caso dos hemofílicos contaminados com o vírus da SIDA pela ministração, em estabelecimentos público de saúde, de medicamentos derivados do plasma humano importados e eventualmente contaminados pelo referido vírus. V. Decreto-Lei n.º 237/93, de 3 de Julho, o qual previu um regime específico de constituição de convenções de arbitragem para resolver os problemas de responsabilidade suscitados.
2. Fichas de jurisprudência de Acórdãos relativos a casos de responsabilidade médica por acto praticado em estabelecimento público de saúde.
3. Comparação entre o regime português e o sistema espanhol. Como ponto de partida, sugere-se MORENO MOLINA/MAGÁN PERALES, *Responsabilidad Administrativa en el Âmbito Sanitario,* in *La Responsabilidad Patrimonial de las Administraciones Públicas y, en Especial, de las Corporaciones Locales,* El Consultor, Madrid, 2005, pp. 389 e ss..

ÍNDICE

INTRODUÇÃO

1. A actualidade e a relevância dogmática do estudo da Organização Administrativa da Saúde 11
2. Razão de ordem 19

PROGRAMA

1. Proposta de autonomização curricular 23
2. Para uma compreensão das transformações da Administração Pública nos nossos dias 25
3. Programa da disciplina de *Organização Administrativa da Saúde* 27
4. *Sites* úteis 29

MÉTODOS DE ENSINO E DE AVALIAÇÃO

1. Da universidade como *santuário do saber* à universidade do século XXI: o risco da universidade como *linha de montagem* 33
2. Os «novos» modelos pedagógicos: por uma lógica integrada de *pedagogia por objectivos* e de *pedagogia de projecto* 37
3. Do policopiado à Internet 43

CONTEÚDOS

PARTE I – A Saúde na Constituição de 1976

1ª Lição: O Estado e o direito fundamental à protecção da saúde 51

2ª Lição: Direitos fundamentais e deveres dos utentes do Serviço Nacional de Saúde 59

PARTE II – A Saúde no contexto de uma *Europa reguladora*

3ª Lição: A falência dos sistemas públicos de saúde europeus e a emergência de uma noção funcional de serviço público de saúde 67
4ª Lição: Integração europeia e saúde 75
5ª Lição: A reforma dos sistemas europeus de saúde 83
6ª Lição: (cont.) 83
7ª Lição: Estudo de alguns sistemas de saúde (conteúdo variável) 89
8ª Lição: (cont.) 89

PARTE III – O novo rosto da Administração Pública da Saúde em Portugal

9ª Lição: O Sistema Nacional de Saúde 97
10ª Lição: A Administração Central e Periférica do Estado na área da saúde 101
11ª Lição: Os Institutos Públicos na área da saúde 109
12ª Lição: Os Hospitais Públicos 113
13ª Lição: As atribuições autárquicas em matéria de saúde 119
14ª Lição: O exercício privado de funções de serviço público de saúde 121
15ª Lição: As Faculdades de Medicina e afins 125
16ª Lição: As Ordens Profissionais 127
17ª Lição: A Entidade Reguladora da Saúde (ERS) 129
18ª Lição: As entidades de natureza consultiva na área da saúde 135
19ª Lição: Os órgãos de controlo da Administração da saúde 139

PARTE IV – O Sistema Nacional de Saúde e a renovação dos quadros dogmáticos tradicionais da Teoria da Organização Administrativa

20ª Lição: Por uma redefinição do universo da Administração Pública (em sentido orgânico) 143
21ª Lição: A responsabilidade por acto médico (em estabelecimento público de saúde) 147